日本食
GLOBALIZATION

中原 誠
NAKAHARA MAKOTO

幻冬舎 MC

日本食GLOBALIZATION

はじめに

2013年に「和食」がユネスコの無形文化遺産に登録されるなど、日本の食文化はいまや世界中で親しまれています。ニューヨーク、ロンドンなどの主要都市だけでなく、地方都市でも寿司バーやラーメン店は高い人気を博しています。

しかし海外における「日本食ビジネス」の実態を見ると、多くの日本食店が海外の企業であり、かつ日本人が想像もしないような料理が「日本食」として提供され、現地に受け入れられています。

例えば「wagamama」という日本食チェーンは1992年に中国系イギリス人のAlan Yau氏が創業。2021年の売上は約630億円、ロンドンを中心に世界で約150店を展開しています。wagamamaは麺類の店からスタートしていますが、最近は「謎」のカツカレーで人気です。いったいどこが謎なのかというと、まずトンカツではなく鶏のカツをお皿にのせて、そのカツの上にご飯を盛ります。それに野菜も何も入っていないカレースープのようなものをかけます。日本にはないカツカレーなのですが、イギリスでは「日本風カツカレー」として受け入れられています。

また中国全土で日本料理店をチェーン展開している「N多寿司」は中国の企業で、店舗数は約3000を数えます。寿司店といいながら、実態は握りの寿司などほとんどなく、唐揚げやたこ焼きなども出しています。それでも、現地の人にとっては「日本食とは、こういうものか。値段も高くもないしそこそこうまい」ぐらいの受け止められ方をしているのです。

こうした「日本食」店が成果を上げ、広がりを見せている一方、日本人による日本食ビジネスの海外進出が失敗に終わっているケースが非常に多いのです。

私は大学卒業後、金融機関で法人営業を担当し、その後転職して飲食業界におけるフランチャイズ展開のノウハウを学びました。さらに上場企業のレストラングループで店長を務めて現場での実務経験を積みました。もともとは独立して起業する予定でしたが、今では実家のラーメンチェーンを継いで海外でも展開しています。

こうした実績や経験を踏まえて断言できることは、日本人が手掛ける日本食ビジネスが海外でうまくいかない理由は、現地の状況を踏まえ一次情報をもとにしたマーケティングを実施していないからです。現地での市場調査を十分に行わないまま、日本で売れた商品やサービスをそのままパッケージごともっていくというのが典型的な失敗例です。これは「おいしい料理を持ちこめば勝てる」という飲食業界に蔓延している感覚的な経営判断が大きく関わっていると思います。

しかし、実際には「おいしさ」だけでは通用しません。例えばアメリカと一口にいっても、「東海岸か西海岸か」という条件だけでターゲットとなる消費者の味覚も経済的な感覚も異なりますし、おのずとニーズにも違いが出ます。少し大げさに聞こえるかもしれませんが、こうしたマーケティングの基本を押さえることなくニューヨークやロンドン、パリの一等地に乗り込んで無残な敗北を喫するケースが本当に多いのです。

そもそも海外の人々にとっては〝「日本食」は必ずこうでなければならない〟などという定義はありません。しかしながら、海外へ挑戦する日本人の経営者の多くはこれが分かっていないのが現状です。「自分の味であれば成功できる」——。そう考えて、現地の人たちのニーズが置き去りになってしまっています。

つまり、日本人の手による日本食店が海外で成功するためには、料理にこだわる右脳的な思考だけでは不十分です。誰に、何を価値として提供するのかを突き詰め、マーケティングやブランディング、マネジメントといった経営の基本を徹底する論理的な考え方、つまり〝左脳的思考〟をもって、現地で受け入れられる日本食やサービスを提供することが必要不可欠なのです。

本書では私が海外で挑戦してきた軌跡をもとに、海外における「日本食」のビジネスチャンスについてまとめています。そして、何よりもこの本で「これからは日本ではなく、世界でビジネスを立ち上げて勝負したい。そう考える起業家予備軍の若者にとって、日本食こそ強力な武器になる」と伝えたいと考えています。

この一冊をきっかけに、「よし、自分も海外で、日本食で成功してやろう」と考える若者が、一人でも増えることを心から望みます。

目次

1章
日本食で成功している海外企業――。「日本人発」が軒並み失敗してしまう原因とは

2章
マーケティング、ブランディング、マネジメント……海外で負け続きの「日本人発の日本食」に欠けていた「左脳経営」

3章
「日本食」というコンテンツは、日本人が想像しているよりも需要がある——。グローバルな人材育成で、日本食は世界を席巻できる

4章 日本食GLOBALIZATION――。若者たちが世界に飛び出すことで、日本食の価値はさらに上がる

序章

「日本人発の日本食」の価値を確信した、忘れられない海外での光景——。

RAMENブームの立役者は、外国人

現在、世界各地で日本食ブームが起きています。

SUSHI、RAMEN、TEMPURA、YAKITORI……こうした言葉はもはや世界の共通言語になりつつあります。こう聞くと、日本で飲食業に携わる人たちは誇らしく思うかもしれません。

しかし、私は複雑な思いを抱いています。なぜならこの世界的な日本食ブームを牽引しているのは日本の飲食業界ではなく、海外の起業家や料理人たちだからです。日本発の文化が世界的に広まる一方で、その中心にいるのは日本の飲食業界ではないのです。

ITバブルが崩壊した2000年代前半、ニューヨークでラーメンが密かにブームになりつつありました。2004年、韓国系アメリカ人のデイビッド・チャンがニューヨークに開店した「Momofuku Noodle Bar」は、これまでインスタント（即席）な食べ

物だったヌードルをレストランでゆっくり食べる料理として提供し、多くのニューヨーカーたちの心を瞬く間に虜にしていきました。ニューヨークに端を発した米国でのＲＡＭＥＮブームはチャンのMomofuku Noodle Barから始まったといわれ、実際それに追随する形で、今では多くの外国人経営者がＲＡＭＥＮレストランを全米で開いています。

チャンがつけたMomofuku Noodle Barの名前の由来は、日清食品創業者の安藤百福さんへのオマージュといわれています。米国で最初に（インスタント）ラーメンを紹介したのは安藤さんだったのです。チャンはニューヨークで開業する前、日本に滞在していたことがあり、そのときに食べた本場のラーメンと職人の技に感動し、ニューヨークでMomofuku Noodle Barを開きました。

Momofuku Noodle Barという店名からも、チャンは日本食をリスペクトしてくれているのが分かります。それでも、ニューヨークで始まった日本食ブームの立役者が日本人ではない——最初にそのことを知ったとき、私はショックを受けました。ラーメンだって寿司だって、日本人が開発した最強のソウルフードだ。何しろ私はラーメン屋の倅だったので、ラーメンがニューヨークで流行っているのに、実はそれを流行らせたのは日本人ではない、というのが単純に悔しかったのです。

理屈ではなく、小さいときから、麺をゆで、スープを作る父親の背中を見て育った私の中で、日本人が作っていないラーメンが、RAMENとして世界で広まっていると知ったこのときから、私には早く日本人として、日本食で世界に打って出なければという思いがありました。

日本の味で世界に挑む

ニューヨークでチャンがMomofuku Noodle Barをオープンした翌年の2005年、私はお世話になったグローバルダイニングを辞し、当時「喜多方ラーメン坂内」を全国区にチェーン展開していた父親の会社に合流しました。

しかし、世界に打って出るまでの道のりは容易ではありませんでした。それまで国内展開だけを考えていた幹部や従業員に対して、「世界」という舞台で戦う目標を提示し、社内をまとめ上げて挑戦への土台を作っていく必要があったのです。

世界への第一歩を踏み出したのは、私が2代目として代表に就任した直後の2013年のことです。

米国・カリフォルニア州南部の町トーランスで開催される「第1回 Los Angeles ラーメン横丁（Ramen Yokocho Festival in Torrance）」への出店が決まったのです。私が「喜多方ラーメン坂内」に合流してから8年もの月日が経っていました。

このイベントは日系人が多く住む地域で開催が予定され、集客力もあり日本食の魅力を伝える絶好の機会でした。米国でのイベント出店は、私たちが作るラーメンが現地でどれだけ受けるかの良い試金石になる。ここで受け入れられれば、一気に米国進出に打って出る――そう考えての出店だったのです。

イベントの企画に関わっていた知人に猛アピールし、コネを使ってなんとか手にしたチャンスでしたが、周囲の同業者はじめ、社員からも私のこの挑戦には、批判的な声が上がりました。

当時すでに一風堂などの大手ラーメンチェーンがアメリカ進出を果たし、現地で人気を博していましたが、そのどれもが豚骨系の濃厚なスープのラーメンだったからです。それに対して私たちの喜多方ラーメンは、豚ガラを出汁に使用しているものの、醤油ベースのさっぱりとした味わいが特徴です。ただでさえこってりした肉食が主流な米国で、私たちのさっぱり系喜多方ラーメンの味など受け入れられないのではないかと周囲の人間は考えたのです。

現地で日本の味を再現することはできるのか

米国カリフォルニアで開催される第1回Los Angelesラーメン横丁は、私にとって本格的な海外進出の可能性を探る大切な場でしたが、実際に準備を進めていくとさまざまな問題にぶつかりました。私のこの挑戦は、米国で、本物の喜多方ラーメンを現地の人に提供する、というものです。イベントの半年前には現地に入り、慣れない米国で日本の味を正確に再現する準備を始めました。

喜多方ラーメン坂内の透明な豚ガラベースのスープは、特徴的なちぢれ麺と焼豚を引き立てるための土台となっています。ちぢれ麺は独特のモチモチ感を生むための多加水麺ですが、現地の水で作るのは簡単なことではありませんでした。麺は製麺する前に熟成工程を経ており、これが麺の再現を一層難しくしていました。当然、時間が経てば味も食感も変わってしまいます。

スープづくりも困難を極めました。日本と同じ豚ガラを仕入れても、特大サイズの寸胴鍋と、強い火力を実現するコンロがないのです。また、日本と現地の水の違いは大きく、とても同じスープを再現することは不可能と思われました。そこで創業者である父にわざわざ日本から来てもらい、スープの味の再現を試みました。あれやこれやと散々試行錯誤した末にようやく満足のいく味、日本と同レベルの味が再現できたのは、イベントの1週間前という綱渡り状態だったのです。

――そして迎えた当日。

ロサンゼルスのダウンタウンから車で南下すること30分、トーランスの町の文化センターは異様な熱気に包まれていました。出店したラーメン店は私たちを含めて12店。軒を連ねて本当に米国の西海岸にラーメン横丁が出現したのでした。そこへ10時の開場前からすでに多くの人が集まっていたのです。あとで知ったことですが、このイベントは米国最大のラーメンイベントとなり、トータル2日間の開催で来場者は延べ2万人を超えたのでした。

いよいよ、自分たちの喜多方ラーメンを米国人に食べてもらう時がきた。予想どおり私たち以外のラーメン店はほとんどが濃厚なスープが売り。透き通ったスープのさっぱり系ラーメンは米国で通用するのか——。

開場と同時に多くの人がラーメン横丁へと押し寄せてきます。参加しているのはすでに全米で知名度のある有名店ばかり。ハリウッドスターが絶賛している店も参加しています。対して私たちは日本から唯一の参加にして知名度0（ゼロ）でした。

予想を裏切り、私たちの喜多方ラーメンの店の前には開始早々から長蛇の列ができたのでした。日本の味を世界に披露する時がやってきた──。そのとき予想外のことが起きました。手配したコンロの火力が弱く、麺のゆで上がりに影響が出てしまったのです。目の前に列をなす１００人近いお客様のためになんとかラーメンを提供しようとするものの、コシのあるモチモチ麺に仕上げる最適なタイミングがなかなか見つかりません。極上とはいえないまでも妥協点を見つけ、ようやくラーメンを提供しようとした瞬間、

「何やってんだ、こんな麺が出せるか！」

状況に我慢できなくなった父が怒鳴ったのです。それに対して、

「そうは言ってもお客様が待ってるんだから、出すしかないじゃないですか！」

と私が口答えし、結果的に親子喧嘩が始まってしまいました。この突如として始まった喧嘩に対して、さらに周囲には人だかりができ、多くの人々に見守られる中、ついには父の前掛けにコンロの火が燃え移る騒ぎにまで発展しました。

結局オープンから遅れながらも、なんとか、私たちは喜多方ラーメンを提供しました。お客様たちは、待ってましたとばかりに熱々のラーメンをすすり始め、食べ終えると感想を口にし始めました。

「Hm...This soup is rich.」（うーん、スープにコクがあるね）
「It's amazing!」（すごくおいしい！）
「I love this kind of chewy...」（麺のモチモチ感がいいね）

私が夢見た光景でした。聞こえてきたのは、現地の人たちの驚嘆の声と、私たちが喜多方ラーメンでこだわっている特徴への賛同の声でした。

――いける。決して肉食文化の米国だからといってあっさり系のラーメンが受け入れられないわけじゃない。

意外にも親子喧嘩も良い意味で注目を集め、とんだ集客パフォーマンスにつながりました。食べたそばから多くの人の評判がまた評判を呼び……。

最終的に、私たちの店の前にできた長蛇の列は、ラーメンの提供までになんと4時間待ちになってしまいました。それでも、多くの人々が私たちのラーメンを食べておいしいと笑顔になってくれたのでした。

1章

日本食で成功している海外企業——。「日本人発」が軒並み失敗してしまう原因とは

世界中でブームの日本食

アメリカの市場調査会社IBISWorldの報告によると、2024年にはアメリカ国内の寿司市場は349億ドルを超え、過去5年間で平均成長率は4・5%以上となっています。また、JETROの2024年の調査資料では、フランス国内の日本食レストランは4600店舗に上るともいわれています。いまやドイツのベルリンやデュッセルドルフのスーパーでは、ドイツ人向けにおにぎりが普通に売られている時代です。

日本食が人気を集める理由には、寿司に代表される「健康的なイメージ」が挙げられます。新鮮な食材を活かした調理法や、野菜や魚を中心にした低カロリーな食事構成は、健康志向の高まりと相まって人々の支持を集めました。また、料理の「見た目の美しさ」も日本食の大きな魅力で、繊細な盛り付けや季節感を取り入れた彩りが、食事をより楽しいものにしてくれます。さらに、煮物やお吸い物など醤油や出汁の旨味を活かした「独特の味わい」は、ほかの国の料理にはない奥深さがあります。

それだけでなく、ラーメンやカレーのように、海外にルーツを持ちながら独自の進化を遂げ、いまや日本食として広く認知されている料理もあります。伝統的な和食と、他国ルーツの進化系料理、これらをひとまとめにして世界の人々は「日本食」と認識しているのだと思います。

もちろん日本食の人気が出るのは良いことだと思いますが、心配なこともあります。それは日本食が日本の文化としてきちんと認識されているのかという点です。フランスにある日本食レストランのうち、日本人経営者は1割ほどだといいます。日本食が現地の人によって現地風にアレンジされること自体は悪いことではありませんが、そもそも本物がどういうものなのかは正しく知ってほしいのです。そのためにも、日本食が世界中でブームになっている今こそ、日本人自身がもっと積極的に世界へ進出していくべきだと私は考えています。

職人気質の父親と経営志向の私

そもそも私の父は日本三大ラーメンの一つとされる喜多方ラーメンに目をつけ、発祥地である福島県の名店「坂内食堂」に教えを請うため単身乗り込み、喜多方ラーメン坂内を全国区に多店舗展開した人でした。

父が作ったラーメンは大人気で、店はいつも繁盛していました。お腹を満たすだけでなく、人々の心に温かさを与えるラーメン。父が作る一杯のラーメンが、どれだけ多くの人を幸せにしているのか——。父のラーメンを食べたあとに笑顔で「ごちそうさま!」と声をかけるお客様の姿は、私の心に深く刻み込まれていました。

しかし、家族を顧みることもなく、夜遅くまで働き、朝早くから仕込みを始める父の職人的なやり方に、どうしても共感できない部分がありました。毎日汗を流して働く父の努力が報われていないように思えたのです。今になってみれば、父は最高のラーメンをお客様に提供するという信念を貫こうとしていたのだと理解できます。ただ私は、父とは違う形で飲食業に挑戦したいという想いがありました。職人的な仕事に対する反発だけではなく、飲食業が持つ素晴らしさを知っていたからこそ、それをより広い視点で展開し、多くの人を笑顔にする経営を目指そうと思ったのです。

大学卒業後、最初に就職したのは第一勧業銀行（現・みずほ銀行）で、法人営業部で中小企業向けに新規の融資を取ってくる仕事をしていました。いずれ飲食で起業するつもりで、まずは金融や財務の視点で経営を学ぼうと思ったのです。

銀行には4年勤めて、その後はベンチャー・リンクに入りました。当時は飛ぶ鳥を落とす勢いだった同社は焼肉チェーンの牛角、カフェチェーンのサンマルクと次々と飲食ブランドを世に送り出していました。

そしてベンチャー・リンクのあとはグローバルダイニングで店舗マネジメントを学びました。財務を学び、チェーンを学び、現場を学ぶ。すべてを終え、30歳までには起業する。それが私が考えた飲食業での起業までのロードマップでした。父も私が職人の自分とは違う道を進もうとしていることは分かっていたと思います。

しかしそんな父が、私がグローバルダイニングで働いていたときに、自分のラーメン屋を手伝ってほしいと言ってきました。父はそれまで決して息子に頭を下げるような人ではありませんでした。何気ない様子を装っていましたが創業から会社を支えていた血を分けた兄弟のような人が退職し、明らかに失意の中で、力を失っていました。目の前でがっくりと肩を落とし、下を向く父を見て私は会社を手伝うことを決めたのです。

「今までと違ったこともするが、それでもいいか」

父は黙って小さく頷きました。

これはちょうど冒頭のニューヨークでラーメンブームが起きた前年のことです。飲食業で「世界で」勝負するという新たな目標ができていた私にとって、この決断は難しいものではありませんでした。

もはや修業のために下積みを続けている場合ではない。一刻も早く自分が経営側の人間になり、自分の考える飲食業で世界と勝負する必要があると思ったのです。

ただ味を追求する職人ではない、レストランマネジメント

飲食業のマネジメントは決して簡単ではありません。性別だけでなく、性格や考え方まで異なるさまざまな人々が集まり、一つのチームを作り上げる必要があるからです。私がこの会社でマネジメントを始めて約20年が経ちますが、実に多種多様な人材と関わってきました。特に当社では、主にアジアから積極的に人材を受け入れています。彼らの個性豊かな背景と価値観は、私自身の偏見や先入観を何度も覆してきました。各人が持つ多様な長所が会社に新たな活力をもたらし、業務の幅も大きく広がっています。

では飲食店に集まってくる多種多様の人材をうまく使いこなせている経営者はいるかと問われると、残念ながらこの業界にはあまり多くはいないというのが、正直な私の意見です。

とはいえ私が尊敬している経営者はもちろん数多くいます。接客業にまで領域を広げ

たときに浮かんでくる優れた経営者は、星野リゾート社長の星野佳路さんです。星野さんは慶應義塾大学を卒業後、アメリカのコーネル大学ホテル経営大学院の修士課程で学んでいます。このホテル経営大学院は、ホスピタリティ業界に関する教育では世界トップレベルとして知られています。

コーネル大学の何がすごいのかといえば、接客業を一つの学問体系としてカリキュラム化している点です。ここで学べるのは単に個人による「おもてなし」レベルの話ではなく、組織全体として「おもてなし」を実現するために必要な要素が網羅されたトータルな学問体系です。残念ながら日本にはまだ、このコーネルのような接客に関する学びを得られる大学はありません。

ちなみに星野さんはコーネル大学での学びを、体系的かつ再現性の高い内容になっていると評価しています。私はこの「再現性」というポイントが重要だと考えています。よく誰かの自叙伝などで『◯◯の成功秘話』『これだけやれば成功する、◯◯のやり方』などとタイトルのつけられた本を見かけます。しかし、その手の本に書かれている内容には基本的に再現性がありません。あくまでも◯◯さんが、特定の状況におかれたときに成功した内容が書かれているに過ぎないのです。

これに対してコーネル大学では、数多くの成功事例を分析、そのエッセンスを抽出したうえで体系立てているという特色があるので学問として成立しています。すなわち学べば学んだだけの価値を得られるのです。ただし成功ではなく失敗からも多くの学びがあるはずです。だからこそ私は経営者の失敗を学ぶために銀行勤めを選んだのです。

レストランマネジメントなくして日本食のグローバル展開は成し得ない

日本ではそもそも「レストランマネジメント」や「旅館マネジメント」などの用語がほとんど普及していません。

日本の食を武器に海外で成功している経営者といえば、世界中で50店舗以上も出店している日本食レストラン「ＮＯＢＵ」の料理人・松久信幸さんだと思います。松久さんは東京の寿司店で修業を積んだのち、ペルーで日本食レストランを開業し、その後アメリカ大陸を転々とした末、レストラン「ＮＯＢＵ」を開きました。ここが一躍有名になり、世界中で知られるようになったのですが、その成功をバックアップしたのは映画俳優のロバート・デ・ニーロ氏です。デ・ニーロ氏が松久さんの料理を気に入り、出資して共同経営者となりおそらくはマネジメントもデ・ニーロ氏が手掛けていたはずです。それが今日のホテルまで展開するＮＯＢＵブランドにつながったと考えられます。

もちろん松久さんほどの料理人であれば、いずれ誰かと出会って成功していたと思います。けれどもデ・ニーロ氏のように資金力だけでなく、経営感覚にまで優れた人物と出会っていなければ、今の規模ほどには事業を広げられなかった可能性もなくはありません。そうなると、1店舗だけならともかく、日本食をチェーン展開して成功している日本人経営者はほとんどいないといってもいいと思います。

私はグローバルダイニングでレストランマネジメントを学びました。当時グローバルダイニングは飲食業で重要とされる「Q・S・C・A」、つまりQuality＝料理の品質、Service＝接客・おもてなし、Cleanliness＝清潔さ、Atmosphere＝雰囲気という4つのポイントでほかの飲食を凌駕し圧倒的な力を持っていました。

グローバルダイニングは非常にタフな会社として知られていました。店長になるためには心身ともにタフでなければならず、高給ですが競争は熾烈を極めました。しかも感情的に熱くなってしまうようではダメで、あくまでもクールでなければ勝ち抜けない、そんな戦いでした。

私が学んだ「タフ&クール」のマネジメントスタイルは、店舗運営の現場で起こり得る課題に冷静に対処し、戦略的に解決していくための基盤となりました。飲食業界の先駆者たちは、常にこのような思考を持ちながら、新たなチャレンジを続けているのです。

なぜか多店舗化に罪悪感を覚える日本人経営者

しかし、日本の飲食業界では、多店舗化に対して「拡大は悪」という価値観が根強いことや、お客様の頭の中に〝多店舗化した店はまずくなる〟というバイアスがかかっていることが、成長の阻害要因となっている側面もあるようです。飲食業の経営について身近な例を挙げるなら、ラーメン店の多店舗化問題があります。もちろんチェーン展開して大成功しているところはありますし、私たちも多店舗化していて、さらにグローバルな展開も視野に入れています。

問題が起こりがちなのは、最初に成功したラーメン店がもっと規模を広げてみようといった感覚で店を増やす場合です。このパターンでは、失敗に終わるケースが圧倒的に多いです。2店舗目まではなんとかうまくいっても、3店舗目ぐらいになると、たいてい壁にぶつかりこの壁を打ち破れません。ではなぜ、うまくいかないのかというと、そもそも多店舗展開を前提としたマネジメントを考えていないからです。

たしかに2店舗目までは1店舗目の延長線上でなんとかなります。最初の店を出したオーナー兼店長兼料理長が、2店舗ぐらいならなんとか一人で掛け持ちしながら面倒を見るのは可能ですが、3店舗となると一人で見て回るのはかなり困難です。何より大切にしなければならないはずの味が変わってしまうからです。ラーメン店でいうと、スープがこれにあたります。2店舗目までなら最初の店でスープを多めに作って運べますが、3店舗分の量となると、とてもまかないきれません。結局、各店舗でスープを作ることになり、同じ味を保つことが困難になります。客もその辺の事情を分かっているので当然、評価も厳しめになり「味が変わってしまった」など、辛口のコメントをSNSで流したり、口コミで拡散したりするため、お店は打撃をこうむることになります。さらには、実際には食べていないのに、店舗が増えたという点だけで、先入観から「味が変わってしまった」と思い込んでしまうお客様もいます。

この先入観は、「多店舗化＝質の低下」という固定観念に基づくものであり、日本特有の「拡大は悪」という価値観が深く関係しています。この価値観は、多店舗展開が品質や独自性を犠牲にするものであるという不信感を生み出しており、結果として店舗側の努力が正当に評価されにくい環境を作り出しているのです。といってもその感覚を持つ境目はおそらく私くらいの世代までです。今の30代以下の人たちからすれば理解できない感覚だと思います。ただ、私のような昭和生まれの世代はどことなく、お金儲けはあまり良くないといった認識にひきずられていて、そこがいわゆる「お客様は神様です」文化につながっているようにも感じます。

マーケティングの巨人であり、マネジメントの父とも呼ばれるピーター・ドラッカーは、「ビジネスとは、価値と対価の交換である」という言葉を残しました。さらに「価値を決めるのはお客様であり、その対価を決めるのも、あくまでもお客様である」とし、だからお客様は決して神様などではなく、価値を求めている人であり、価値を認めるのであれば、それに対して正当な対価を支払うのはごく当たり前という考え方です。価値の提供者がお客様を神様だなどと考える必要はまったくないのです。お客様とは提供した価値を認める相手であり、認めた価値に対する対価を支払うのは当然の行為なのです。

だからこそ1日に8人しか相手にしない寿司店が成立します。とんでもなく高価ですが、それだけの対価を払う価値をお客様が認めるのだから、まったく問題はないと私は受け止めています。

スペインの飛び抜けた成功事例

日本ではほとんど知られていないと思いますが、ロンドンに本拠地を置くグループ企業・D.ream International は、世界16カ国で14のブランドを展開しています。元は２０１２年にトルコで設立されたD.ream（Doğus Restaurant Entertainment and Management＝ドウシュ・レストラン・エンターテインメント＆マネジメント）であり、ここは肉料理をメインとするレストランです。

のちに同社はスペインのパラグアスグループ（ＥＬ ＰＡＲＡＧＵＡＳ）と提携しました。このグループには1店舗で月商3億円を超える店もあり、ほかにも日本料理を売り物にする「ＺＵＭＡ」ブランドも、世界で展開しています。同社のホームページには「ロンドンにオープンして20周年を迎えるＺＵＭＡは、日本の伝統的な居酒屋スタイルに洗練されたひねりを加えたカジュアルな飲食店」と紹介されていますが、ここも月商が億単位の店だと聞いています。

パラグアスのように1店舗で月商が3億円にも達するレストランを分析してみると、仮に1カ月に25日営業するとして、単純計算すれば1日の売上は１２００万円です。営業時間が夕方6時から深夜12時までなら6時間ですから、時間あたりの売上が２００万円です。客単価を1万円としても２００人を捌かなければならないというのは飲食店としては厳しいハードルとなります。ファストフードの店ではなく、1人あたり1万円の勘定をいただくのだとすれば、提供する料理はいうまでもなく、接客にも相当に気を使う必要があるはずです。

ちなみに私がモンスーンカフェの店長を務めていたとき、1カ月の売上は良いときでも8000万円ぐらいでした。このとき抱えていたスタッフは、アルバイトも含めて約1200人です。いったいどうすればパラグアスのように店を運営できるのか不思議です。

実はパラグアスグループに、10歳年下の高校の後輩がいました。彼は高校卒業後、料理の専門学校に入り、そこからスペインに渡ってアンダルシアでチョウザメ専門のレストランを開店、ミシュランの一つ星を取ったという凄腕のシェフです。それからパラグアスグループに入り、マドリッドでレストラン「AMAZÓNICO」のプロデュースを任されました。AMAZÓNICOは2016年夏にオープンした、熱帯料理とラテンアメリカ料理を組み合わせた美食を提案する店であり、ここも月に3億円ぐらいの売上があるそうです。

そんな店を運営していくには、何か秘密がありそうです。スペインへは豚の仕入れに出張しているので、そのタイミングに合わせ彼に話を聞かせてもらいました。彼は元シェフですが、そのプロデュースしている店でも実際に自分で料理を続けていました。ではは料理長なのかと尋ねると「自分が料理長として、みんなに指示を出していたわけではないです。そんな状態で1日1000万円を超えるような体制を作れるはずがありません。少し考えれば分かる話ですが、要はマネジメントなんです」と言いました。マネジメントのポイントは自分がいなくても店が回るシステムを作るだけで、それは決して難しい取り組みではなく、要はレシピを誰でも分かるようなものにして共有することだ、と教えてくれました。レシピこそが財産であり、それをベースにみんなでより良いものにブラッシュアップしていくのです。この話を聞いたとき、スペイン人にはかなわないなと思いました。

「レシピをみんなで共有する」といった発想は、フレンチの世界にも日本料理にもありません。分かりやすい例で説明すると、日本料理はいわゆる修業の世界に近いといわれます。今では時流も変わってはきていますが、料理長はいても新しく入ってきた若者に手取り足取り教えることは絶対に行わないのが常でした。

とにかく背中を見て覚えろという世界です。フレンチにも近い考え方があり、レシピをマニュアル化したりすれば、自分だけのノウハウを盗まれてしまうリスクがあります。これはＡＭＡＺÓＮＩＣＯの考え方とは正反対になります。

これは良し悪しの話をしているわけではありません。また、国内の日本料理店のやり方をけなしているのかといえば、それもまったく違います。ただ根底にスケール感を考えているかどうかの違いがあるという話です。例えば、一人の料理長によって差配されている日本料理店の売上が、１日に１０００万円を超えることはあり得ませんし、逆にマネジメントによりチームを組んで運営していく店の売上が1日に１０００万円を超えることはあり得るのです。

ここも誤解してほしくないのですが、１日１０００万円の売上を目指せという主張をしているわけではありません。ただ、これまでの日本料理の世界では、そうした発想をする人がいなかったのではないかと私は考えています。おそらく日本食を支えてきた人たちには、想像もつかない話なのだと思います。けれども世界にはそれを現実に達成している店があるのです。つまり、やろうと思えばできないわけではないということです。

少しだけ残念に思うのは、日本では功成り名を遂げた人の中には時に、自己顕示欲を満たしたいだけなのではないのかと思える人がいることです。

日本は同調圧力の強い社会だといわれます。幸い私自身は人とはいささか感覚が違うせいか、同調圧力を感じた記憶がほとんどありません。だからといって自分はすごいんだなどと勘違いしているわけではなく、まわりに合わせなければと妙なプレッシャーを感じた経験がなく、合わせようなどと考えた記憶もないのです。そんな私が思うのは、みんな狭い日本の中だけでまわりを見て合わせて生きようとするのではなく、世界に出て自分の思うままに動いていってほしいなということです。

できる料理人VSできない料理人

よく料理は感性だといわれます。感性に秀でた人なら普通の人よりは高い確率で優れた料理人になれるはずです。でも優れた料理人が、優れた経営者になれるかといえば、必ずしもそうなるともいえません。組織を作り上げてマネジメントしながら店を回していくためには理屈も必要になってきます。自分の店だけなら、感性で十分に成り立つと思います。気心の合う人間や黙っていてもついてきてくれるような人たちを下にそろえればいいのです。しかし、お店をスケールアップしていこうとするなら、それだけでは回っていかなくなります。

感性でよくいわれるのが人の脳は右脳すなわち感覚的な部分と、左脳つまり論理で考える部分があり、これにより人間を2つに分類できるというものです。料理人は右脳の世界の人だと考えられがちで、一方、マネジメントを考えるのは論理で考える左脳タイプです。そのため右脳の料理人では、複数の店をマネジメントしていくのは難しいと私は考えています。

ところが実際には一人の人間が、完全に左脳もしくは右脳に支配されたりするはずがなく、大切なのはバランスです。土台は理詰めでしっかりと固めておき、そのうえで最後に決断する際には、自分の感性に頼るのです。

私はこのやり方に向いているのが日本人ではないかと思います。論理を重視する人間が多い欧米では、何ごとも理詰めで突き詰めようとしがちです。これに対し、これまでの日本の料理人は、感覚重視で勝負しようとしてきました。これからの日本は、理性と感性のバランスにシフトしていけばよいのです。これはピンポイントで正解を求めるのではなく、一定のレンジで「このあたりにはまっていれば、まあ正解としよう」と考え、そのうえで、どんどん新しいテーマにチャレンジしていくというやり方です。

ただし、いずれを重視する場合でも、決して忘れてはならないのが、料理には必ずそれを食べてくれるお客様がいるという大前提です。そしてそのお客様が求めるものは多種多様です。とにかく安ければよいという人もいますし、高くてもいいから珍しいものを求める人もいます。ビジネスとして成功するためには、その多様なニーズのどこにフォーカスするか、お客様の設定が極めて重要です。

だからこそ、今まさに海外での日本食にチャンスがあると思うのです。日本ではほとんど知られていませんが、中国には中国人経営による日本寿司店が全土に3000店舗もあり、大成功しています。この店に来ているのは日本人ではありません。むしろ寿司を好きな日本人なら行かないだろうという感じのお店です。そうした店が繁盛しているという理由は、日本の食を味わってみたいというライトユーザーが世界で増えているからです。

アメリカに乗っ取られてしまったピザの悲劇

欧米でも日本のものを食べてみたい人が確実に増えていると海外へ出張に行くたびに感じます。その理由を私なりに推測すると、食に関しては島国である日本がガラパゴス状態だからではないかと思います。要するに世界の人にあまり知られていない、不思議な食に満ちているのが日本の魅力です。たしかに生の魚類を酢飯にのせて食べる寿司はかなり珍しい食べ物です。お好み焼きや天ぷらなども似たような食べ物が海外にあるとはいえ、日本独自のアレンジを加えられたオリジナルメニューとなっています。

ただし、アメリカでのラーメン人気は要注意です。なぜならアメリカの人たちは気に入ったメニューをいとも簡単に自国製のものとして取り込んでしまうからです。

アメリカに乗っ取られてしまった代表的な例がピザです。日本でもピザはデリバリーやテイクアウトでも人気があります。代表的なピザハットやドミノ・ピザなどはアメリカ発の国際チェーンですから、食についてあまり詳しくない人がピザはアメリカ発祥の食べ物だと勘違いしていても仕方ないと思います。

しかし、これはとんでもない誤解であり、ピザ発祥の地はイタリアのナポリです。この地で18世紀後半にトマトソースとモッツァレラチーズをのせたピッツァが生まれました。これがアメリカに持ち込まれて大人気食となったのです。

一方、なぜイタリアのピザは世界に広がらなかったのかというと、おそらくイタリアの人たちは自分たちのナポリピッツァに誇りとこだわりを持っていたからだと思います。ピッツァとはピッツェリア、すなわちピザ専門の焼き窯を備えた店で、焼きたてを食べるものであるとの考え方を頑として変えませんでした。デリバリーなどの焼きたてではないものは食べられない、ナポリピッツァにごちゃごちゃといろいろなものをのせてはいけないと強いこだわりを堅持してきたのです。

世界を回っていて、ここ10年ぐらいとても気になっているのが、日本食をうまくビジネス化している海外企業の増加です。スペイン企業によって展開されている日本風居酒屋や、中国企業が大規模に展開している日本寿司チェーンが急成長しています。多くの人が日本のものとは違うと国内で批判している間に、世界の人たちは新しい日本食を受け入れつつあるのです。せっかく優れた食のコンテンツがありながら、日本の中に閉じこもっていてはそのメリットが活かせません。海外のお客様に日本食本来の真価を理解してもらいたい、だから私も一刻も早く海外に出なければならないと考えていたのです。

2章
マーケティング、ブランディング、マネジメント……海外で負け続きの「日本人発の日本食」に欠けていた「左脳経営」

2代目経営者の頭を悩ませる企業変革

現在私の会社は創業者である父が名誉会長に退き、私が代表取締役社長を務めています。２００５年、父の会社に入社してすぐに、この会社のマネジメントは問題が山積していると気づきました。

まず、父が優れた麺職人であり、順調に多店舗展開にも成功していたため、社員から神格化された存在になってしまっていたことです。いわゆるカリスマ状態で、意見をしようなどと考える人は一人もおらず、みんな指令を待ち続けるという受け身の状態だったのですが、ラーメンの味はきちんと保てていたので、基本的に店は繁盛していました。

その状況に私は「すごいチャンスに恵まれた」とある意味感謝していました。お客様にしっかりと価値を認めてもらえるラーメンは確立できているのだから、やり方次第でいくらでも成長することが可能だと考えたからです。

成長するためには、これまでのやり方を変える必要があります。従来の成長曲線とは異なる、非連続的な成長をするためには思いきった改革をしなければなりません。もちろん現状の維持でも、1年に2～3店の新規出店によるスケールアップは可能でした。けれどもそれではジャンプアップは望めません。

といっても私が旗振り役となって、創業者に「成長のためにゼロベースで見直しましょう」などと進言しても「青二才が馬鹿なことを言うな」で終わりです。そこでまず、コンサルタントの導入を検討しました。これには当然費用が発生します。現状で何か問題があるのならともかく、一応は成長し続けているのに、なぜ余計なお金を使ってコンサルタントなどに頼らなければならないのかと、反論されるのは目に見えています。なので、ここはタレント並みの知名度を持つ著名コンサルタントを引き入れることにしました。

事業承継からさらなる飛躍を目指す仕組みづくり

思いきった改革を断行するために、説得する相手が納得するレベルの外部の力に頼ることにしました。そこで引っ張ってきたのが、当時、澤田貴司さんと玉塚元一さんが共同代表を務めていたコンサルティング会社・リヴァンプです。澤田さんといえば、伊藤忠商事時代にセブン-イレブンの買収を手掛けたあと、ファーストリテイリングに入社して大改革を成し遂げた人です。玉塚さんもファーストリテイリングで一時は代表取締役社長に就任したあとに、澤田さんと企業再生事業を手掛け、リヴァンプを創業しました。

経営者の世界では、この二人を知らない人はまずいません。そんな人にコンサルティングを依頼するとなれば、創業者も「いったい何を教えてくれるのだろう」と期待してくれます。ここまでは計算どおりに進みました。

経営のレベルアップが、リヴァンプの力を借りるうえでの第一のテーマでしたが、同じぐらい重要だったのが、創業者からの事業承継でした。何しろ父親と私は、いわゆる犬猿の仲でしたから、会議の席などでもすぐに喧嘩になってしまいます。そこでリヴァンプのコンサルタントに行司役を務めてもらうつもりでした。

澤田さんだけでなく濱中さんという方にも来てもらい、毎週木曜日の朝、前週の業績についての会議を行いました。創業者としても、数字で業績の良さを示されると文句のつけようがなかったようです。リヴァンプには、2007年ぐらいからの5年間、当時で15億円ぐらいだった売上アップと、スムーズな事業承継をお願いしていましたが、売上は伸びていったものの、事業承継はうまくいきませんでした。

新店オープン当日の親子大喧嘩

2010年の新宿パークタワー店オープンの日のことです。入社してすでに5年が経過していました。当時の私は、ブランディングに問題があると考えていました。そこで新店オープンにあたり、これまでお客様から要望を寄せられていたチャーハンなどをメニューに追加し、新しいお漬物も用意したのです。発端はこのお漬物でした。あとでもめたくないので事前に何度も試食をしてもらい、了承を得ていたにもかかわらず、当日になって難癖をつけ始めました。それも私にではなく、料理長にです。この料理長はモンスーンカフェ時代の仲間の一人で、拝み倒すようにして来てもらった大切な人物です。黙っていられず、

「あなたも試食して、これならいいと言ったではないですか」と言うと「こんなくさい臭いのするものを、うちの店では出せない」と言い返してきます。店の中ではオープン直前のミーティングをやっているので、じゃまにならないよう私と創業者は表に出たのですが、そこでもやはり大喧嘩になってしまいました。

東京での新店オープン以降、ブランディングは少しずつですが進めていき、カップ麺を作ってコンビニなどに置いてもらうなど、さまざまな施策は打っていきました。こうして粘り強く改革を進め、２０１２年に私が代表取締役社長に就任します。それから本

格的に海外進出に取り組むようになり、アメリカへの出店へと至りました。

右脳経営と左脳経営の違い

事業承継を進めていた頃は、海外進出どころか、これから会社をどのように成長させていけばいいのか思い悩む毎日でした。ただし、アメリカへ進出することを決断するまではできる限り考え抜きました。第1回 Los Angeles ラーメン横丁で得られた自信と、海外に打って出るための組織力が十分だと思ったからこその判断だったのです。

経営とは、判断の連続ともいえます。要するに右に行くのか、左に行くのか、前に進むのか、いったん立ち止まるのか、時によっては退くのも経営判断です。その際に重要なのが、直面している状況や事実をどうとらえるのか、すなわち現状を把握する能力です。最終的には主観で判断するにしても、事前に取っていたデータに基づいて考えたうえで決断します。

アメリカ進出のとき「うす味のラーメンはアメリカでは売れない」と言われましたが、その人たちがなんらかのデータに基づいて話していたのかといえば、決してそうではありません。ならばやるべきことは自分たちで取れる限りのデータを収集することです。本当にあっさり味の麺類が売れていないのかどうかを、自分で調べて回りました。具体的な指標としたのが、ベトナム料理でフォーを出している店です。西海岸ロサンゼルス近辺に限定して検索してみると、ごく限られたエリア内だけでも何十店舗もありました。

次は現地調査です。それだけたくさん店があるのだから、フォーはそれなりに人気を集めているのではないかとまずは仮説を立て、その仮説を自分の目で確かめに行きました。

さまざまなマーケティングリサーチの中でも飲食店リサーチの良いところは、自分で店に入って味を確かめられるだけでなく、価格をチェックできるし、時間単位の客数も大まかですがカウントできる点にあります。気になる店があれば、何回か通ってみれば客層はもとより、そのお客様たちが店でどのように過ごしているのかも分かります。単に食事だけしてすぐ帰るのか、あるいは食事を誰かと楽しむ場として来店しているのかなど、店の雰囲気もつかめます。新しいビジネスを始めるのだから、その環境について調べるのは、ごく当たり前の準備です。

ところが日本から飲食店が海外に出ていこうとする場合、この作業を省くケースが多いのです。そもそもアメリカに出ていこうとしません。なぜならアメリカでは出店そのものが容易ではないことが分かっているからです。法的な許認可などの問題があり、アメリカでの出店はかなり難しく、それに比べると難易度の低いアジアへ出ていく傾向にあります。

判断の背景はデータではなく、この国なら店を出しやすそうという感覚や、日本から近いからという距離感だけです。その結果、失敗するケースも多く出てきます。

それでもアメリカやヨーロッパに出店したいと考えたときには、現地の事情を知っている人と組めば間違いないだろうと考え、現地のパートナーを探します。そしてニューヨークならタイムズ・スクエアを狙ったり、西海岸ならいきなりサンタモニカのビーチ沿いに出店しようとしたりします。そのようなやり方がうまくいくとは思えません。

おそらくみんな、日本で最初に店を出したときのことを忘れてしまっているのでしょう。たいてい自分で出向き、まわりにどんなお店があるのか、そもそもどんな人たちが暮らしている地域なのか、しっかり見に行っていたはずです。これはマーケティングリサーチなどというほど大層なものではなく、ごく当たり前の作業だったはずです。なぜ、同じ作業を海外出店のときにやろうとしないのか。私としては不思議でなりません。

理系人間こそ飲食業界は向いている

こんな話をすると、理屈っぽいと思われるかもしれませんが、私は、大学で工学部に進んだ理系人間です。将来の起業を考え、途中で経済学部に転部していますが、もともとは理系です。同じ業界の経営者で集まったときに「元は工学部です」などと明かすと、かなり珍しがられます。裏を返せば、飲食関係の経営者は基本的に文系の人が多いです。

けれども料理はサイエンスとしてもとらえられます。料理人が料理を解説するときによく「ここで仕上げに塩をひとつまみ振ります」などと言います。けれども「ひとつまみ」とはいったい何グラムなのでしょうか。あるいは、作っている料理の量が変わっても「ひとつまみ」は変わらないのでしょうか。そんなはずはありません。熟練の料理人なら当然目分量で調整しているはずで、経験値に裏付けられているから間違うはずがない。これこそが感覚で理解するという、いわゆる文系の世界といえます。

ところが私は具体的に知りたい。例えば何リットルのお湯が何度のときに、何グラムの塩を入れればよいのかと数値で理解したいのです。面倒くさい話ですが、これだと再現性があります。つまりお湯の量、温度、入れる塩の量を変数として理解しておけば、どれかが変わったときにも対応できるからです。

実は優れた料理人は無意識のうちに、このような変数を設定して料理を理解しているのではないかとも思っています。京都の有名な料亭の大将が、そんな話をしているのを聞いた記憶がありますし、その人は大学の先生と料理のマニュアルを作ろうとしているということも聞きました。料理人の中には理系で、左脳タイプも少なくないのではないかと思ったりもします。

いずれにしても、これから日本食を海外に普及させていくためには、理系人材が必要だと思います。その最大の理由は、海外の人に料理を教えるためにはレシピ、つまりマニュアルが欠かせないからです。料理をマニュアル化して教えられなければ、日本食を海外で再現できません。

私の高校の後輩でAMAZÓNICOのプロデュースを任された彼が、なぜ1店舗で月商3億円を実現できているのか、その理由は感覚的とされてきた料理を、誰でもできるようなレシピにしたからです。レシピどおりに作れば、看板メニューをきちんと再現できます。だから彼が一人で獅子奮迅の活躍をする必要などなく、店はきちんと回っていくのです。

「レシピに基づく」を「データに基づく」に置き換えても同じ論理が成立します。データから判断する手法を統一しておけば、再現性を得られます。これはどのビジネスでも同じです。実際に私自身が金融機関でなんらかの判断を迫られたときのやり方もそうでしたし、その後フランチャイズチェーンのコンサルティング企業で仕事をしたときもまた同じやり方でした。日本食の世界でも、データに基づいて再現性のあるやり方をすればいいのです。少なくとも現時点で日本食は、世界でも極めて希少性の高い存在ですから、勝てる確率が高まりますし、そのやり方はおそらく世界のどこでも通用します。日本には、優れた和食を提供する店がたくさんありますが、そんなお店に見習いとして修業に入るのではなく、サイエンスの力を活用してお店を成長させる、というくらいの意気込みを持つ若い人材に、ぜひ出てきてほしいと思います。

リーダーシップの欠如を穴埋めする左脳経営

私がデータや再現性にこだわるのは、自分がいわゆるリーダータイプではないからです。「黙って俺についてこい」などとは絶対に言えません。私とは逆の創業者、会長は「ついてこい」タイプで、私は息子ですが父親とは正反対です。自分は決してリーダーではないと自覚する人間が、組織のトップに立たなければならなくなったとき、どのように考えたのかというと、失敗はしたくないし、仲間やついてきてくれる人たちを喜ばせたい、そのためには学ぶしかないと考えました。

成功するためには理論があります。でもそれは「成功するための7つの秘訣」などのノウハウ本から学べるような内容ではありません。時間のふるいをかけられ読み継がれてきた名著から学ぶのです。星野さんがコーネル大学の大学院で学んだように、私もドラッカーをはじめとする経営やマネジメント、マーケティング関連のいわゆる教科書的な書籍から、これはと選んだものを何度も読み返しました。

それらに共通していたのが、データの重要性であり、データをもとにして判断する際のプロセスでした。

この一連の学びについては、身近に反面教師がいてくれた環境にも感謝しています。まず父が徹底的な右脳人間でしたし、グローバルダイニングの長谷川耕造社長もその傾向が強かったように思います。だからこそ長谷川社長のアイデアの素晴らしさによってビジネスが拡大されたと感じますし、ソニーが世界的な企業になったのも、右脳の発達した人がいたからではないかと推察します。彼ら天才がイノベーションを起こして飛び抜けた企業を作るのです。

天才に勝るカギは再現性にある

たしかに飛び抜けた企業の多くが、天才たちによって創り上げられてきました。その理由は、天才たちはそろって凡人には思いつかない発想に基づいて素晴らしいアウトプットをするからです。ソニーの創業メンバーである盛田昭夫氏が世界に先駆けた技術とデザインを生み出したように、本田宗一郎氏が革新的なオートバイを生み出したように、ジャンルを問わず、天才たちのおかげで人類は進歩してきました。

しかし、天才に対して気になるのが、再現性に欠ける点です。たしかに素晴らしいアイデアを思いついてくれるのですが、どうしたら持続的にアイデアを出し続けていられるか、自分でも分かっていないのです。天才がホームランを打ち続けてくれれば、経営はうまくいきますが、調子を崩してもホームラン狙いをやめず三振続きになってしまったらかなりまずい状態に陥ってしまいます。

自分の天才性のなさに気づいたのは、中学生ぐらいの頃です。どう頑張っても、世界を変えてきたような天才にはなれないと悟りました。サイエンスの世界は、まさに再現性の世界です。実験をしては、定量的・定性的なデータを細かく取っていく。データを見て考えて、条件を変えて実験を繰り返す。その繰り返しの中から、時に新しい発見が生まれます。

誰もがアインシュタインになれるわけではないけれども、地道にコツコツと続けていれば、なんらかの発明者になれる可能性があります。そのためのカギが再現性になります。右脳の人たちのようなひらめきや勘がなくても、勝負はできます。

理想は右脳と左脳の合体

データに基づいて理詰めでものごとを判断する力は、ベースの能力として必要です。ただしビジネスには、必ず相手、つまり飲食の場合ならお客様がいます。お客様は、人間であり、人間は機械ではないので、データどおりには動いてくれません。

例えばどこかに行きたいと考えた場合に、そこまで行くためのルートはいくつもあるはずです。最短のルートもあれば、少し遠回りだけど景色の良い道もあるでしょう。どのルートを選ぶのか、そこにデータがあったとしてもどれを選ぶのか、最終的な判断はつまるところ人に委ねられています。判断を下すのが人である限りは、必ずしも合理的にデータのみで判断するわけではありません。

買い物一つとってもそうです。例えばジャケットを買いに行ったとします。同じような値段で素材も似たようなもの、でもデザインや風合いは違うジャケットが並んでいたとき、どれを選ぶのかは、たいていの人がそこでの気分で決めているはずです。要するに「デザインがいい」「風合いが好き」「なんかワクワクする」などの理由をつけて自分を納得させているわけです。このときの気分がとても重要です。気分が乗らないと、人は動きません。料理選びは、気分で決まる典型です。私たちの店舗でアンケートを行った際に、お客様が再来店しなくなった理由の1位が「なんとなく」という結果でした。

私は飲食店においても、「なんとなく」という右脳的な感覚を、左脳的にロジカルなサイエンスによってその理由を解き明かすことが成功のポイントだと考え、こうした分析に力を入れるようになりました。

『世界のエリートはなぜ「美意識」を鍛えるのか？　経営における「アート」と「サイエンス」』という本があります。著者の山口 周さんは大学院修士課程で美学を学んだあとに、コンサルタントになりました。この本で主張されているのが、論理的思考つまり左脳だけではもはや戦えないという考え方です。

教育の世界でも以前はＳＴＥＭ、すなわちScience、Technology、Engineering、Mathematicsの４分野が重視されていたのに対して、最近ではこれにArtsを加えたＳＴＥＡＭが重要といわれています。逆に料理の世界は、これまでArts一筋で勝負してきました。なのでこれからは、ＳＴＥＡＭが大切になると思います。

よく練り込まれたレシピどおりに作りこんで、料理ができあがったとします。ここまではデータで再現できる世界です。けれども、その料理を見た人が、それを魅力的だと感じるかどうかまではデータ化できない。おいしさはデータによって、ある程度まで再現できると思います。けれども、その先の食べる感動は、データだけでは作り出せないかもしれません。それこそ、料理人の勘で「今日は少し空気が乾いているようだから、ほんのひとさじだけ、仕上げに酢を足しておこう」といったフィーリング、これが必要ではないかと考えるようになりました。

たどり着いた答えは「バランス」

結局のところ、私はどう頑張っても左脳人間です。だから最初は、右脳で突き進んでいく経営者を見て「あのようにはならないようにしよう」と反面教師のようにとらえていましたが、自分が経営者となり数々の経営判断を下す中で、右脳的な判断の必要性にも気づいたのです。いわゆる天才肌、右脳だけで間違わずに進んでいける経営者も、世の中にはいます。だからこそ経営コンサルタントをされている山口 周さんは、あえて美意識の重要性をアピールされているのです。

私は、自分にそうした右脳的な部分が欠けているのを自覚しています。だからなんとか身につけたいと思っているのですが、感覚の世界を理詰めで考えているだけでは習得できません。これればかりは訓練するしかないのだと思っています。

実は私は、小学生の頃から剣道を習っていました。体は決して大きくないものの、道場の同学年の中ではいちばん強かったし、中学に入った頃には師範から目をかけてもらってもいました。剣道などの武術ではよく「先の先・対の先・後の先」が大切だといわれます。先の先とは、相手の攻撃をいち早く察知して、相手が自分に対して攻めてくる前に、こちらから仕掛けて倒す戦い方です。対の先とは、相手が攻撃してくる直前のタイミングを狙って攻撃を仕掛ける。後の先とは、相手が攻撃を終えた段階で、こちらが攻撃する。

私が得意としていたのは、対の先でした。攻撃を仕掛けようとする瞬間には誰しも、どうしてもバランスが崩れて隙ができてしまうのです。逆にいえばどこかバランスを崩さないと、そもそも攻撃はできないのです。その瞬間を狙う。先に動いたほうが、攻撃が早く相手に届くはずという論理ですが、実際にはそうはなりません。動くためには、どこかに無駄な力が入り、そこに隙ができる。こちらは、その隙だけをピンポイントで狙うために無駄な力が入らない。だから勝てるわけです。

この「対の先」の考え方をビジネスにも応用できるのかといえば、基本は正しいと思います。けれども、それだけではやはり勝てないのではないかとも考えるようになりました。

要するにバランスばかりを意識していては、いつまで経っても大勝ちはできないのかもしれません。ビジネスでは、時にバランスを崩してでも、自分から仕掛けていく必要もあります。ただし、ここがポイントなのですが、攻めながらも「今の自分には隙ができているはずだ」と自覚するのを忘れず、時には意識してバランスを崩してみるなど、そんな戦い方も必要だと考えるようになりました。

その意味では私が勝手に師匠として学ばせてもらっている、ＩＧＰＩグループを設立した経営コンサルタントの冨山和彦さん、澤田さんと玉塚さんをはじめとするリヴァンプの人々は、皆見事にバランスが取れています。彼らは決してどちらかだけに偏ることはなく、その比率は人により違うところを個性にしている気がします。超左脳型はロジックには強いかもしれないけれど、人を惹きつけるビジョンに欠けると思います。そういう意味でも、私が海外に打って出ようと考えたのは、自分の型を少し崩してでもチャレンジすべきだと思ったからです。国内だけで着実に成長していくのなら、少し速歩きするぐらいで伸びていけますが、海外に出るとなると少なくとも駆け足ぐらいには負荷をかける必要が出てきます。当然、それまでのバランスは崩れるはずです。バランスだけにこだわっていては、チャレンジできません。天才ではなく凡人が何かを創造しようとするなら、チャレンジは必須です。ただしチャレンジしながらも、自分が今どこまでバランスを崩しているのかを自覚しておく必要があります。

日本食の海外進出、先人たちの失敗から学ぶ

海外進出については、私もできる限りのケースを調べて学んできました。日本食の世界で一流と評価されてきた人たちが、アメリカやヨーロッパに進出すると必ずしも勝てるわけではありません。マーケティング戦略では、新事業を始めるときには自社の強み

（Strength）・弱み（Weakness）・機会（Opportunity）・脅威（Threat）を理解し、戦略の大枠を組み立てるクロスSWOT分析が大切だといわれます。中国の古典『孫子』にいう「敵を知り、己を知れば、百戦してあやうからず」も同じ内容であり、いわば勝負の鉄則ともいえます。

クロスSWOT分析をしたうえで、次はSTP（セグメンテーション・ターゲティング・ポジショニング）分析を行います。SとはSegmentation つまり市場を細かく分けたうえで、TのTargeting、細分化した市場のどこ・誰を狙うのかを決めて、PすなわちPositioning で競合との差別化を図ります。これがいわゆるマーケティングのフレームワーク、基本的な考え方となるわけです。

おそらく日本での日本食の成功者たちは、海外進出の際にこのようなフレームワークに基づいた戦略を立てておらず、日本での勝ちパターンそのものも、きちんと把握していなかったのではないかと思います。特に今の50代より上の人たちは、料理をデータで教わったりはしていないはずです。それこそ「見て覚える」の世界であり、先輩からは命令されるだけで、やり方もろくに教えてもらえず、必死に先輩の姿を見て学び、そん

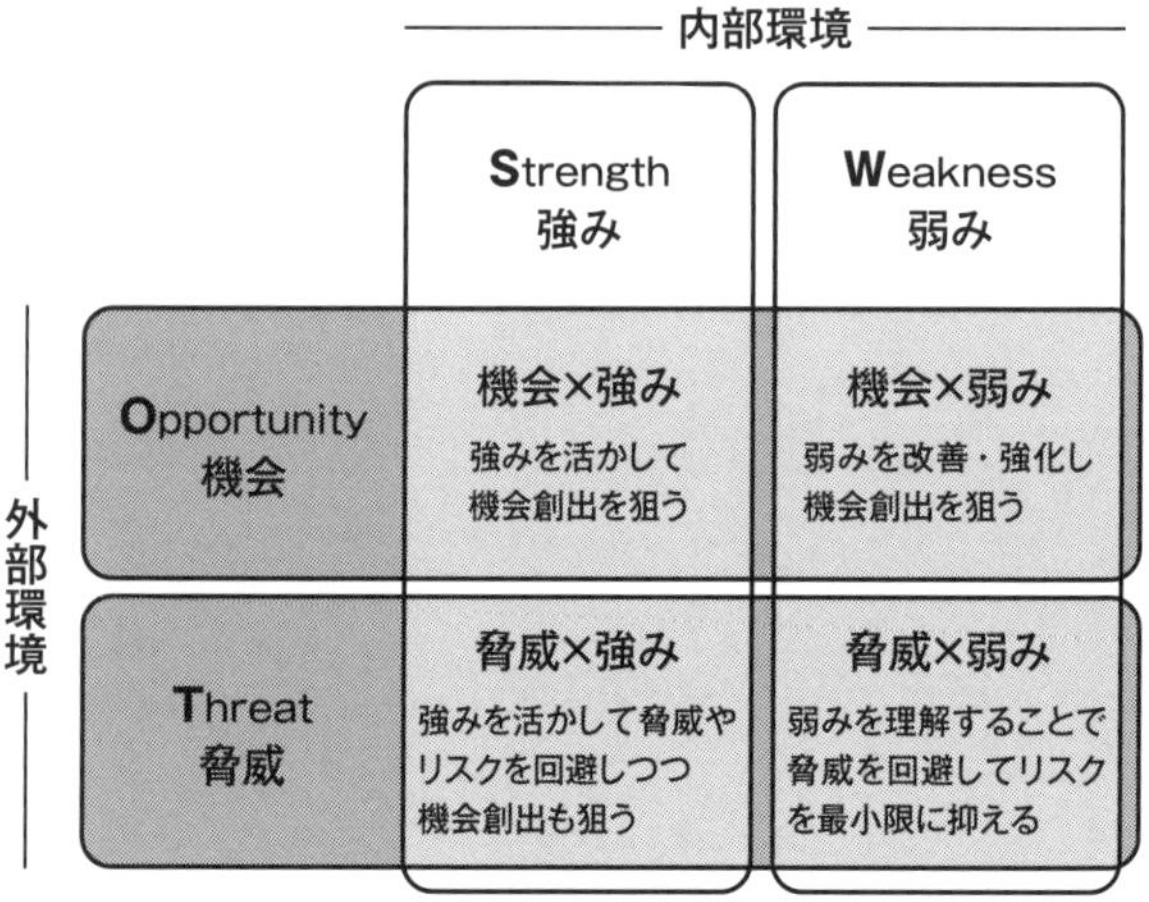

		Strength 強み	**W**eakness 弱み
外部環境	**O**pportunity 機会	機会×強み 強みを活かして機会創出を狙う	機会×弱み 弱みを改善・強化し機会創出を狙う
	Threat 脅威	脅威×強み 強みを活かして脅威やリスクを回避しつつ機会創出も狙う	脅威×弱み 弱みを理解することで脅威を回避してリスクを最小限に抑える

内部環境

クロス SWOT 分析

な中から優れた感性を持つ人だけがのし上がっていく世界だったはずです。だから、彼らもまた、なぜ自分が成功したのかを言語化して説明できません。もちろん中には京都の料亭・菊乃井の村田吉弘さんのような理論派もいますが、基本的には例外だと思います。

そんな日本食の世界で観光に来た外国人からも「Wonderful」だとか「Marvelous」などと高く評価されたため、そのまま海外へ出ても成功するだろうと考えてしまったのです。

そもそも成功した理由を理解していないのだから、その成功を再現できるはずがあ

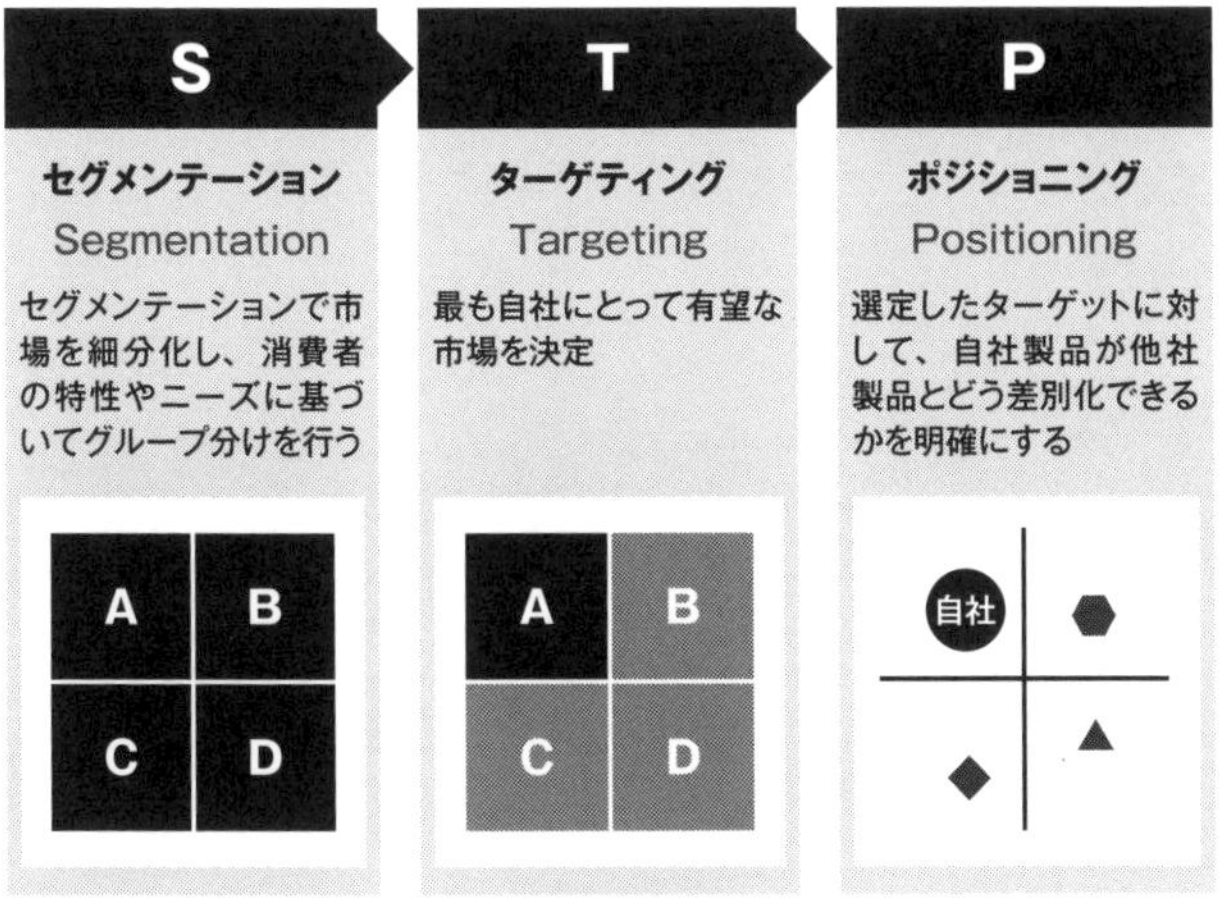

STP分析

りません。ましてや、市場環境はもとより食習慣から食材など何もかも違う異国においてです。日本に観光に来た外国人と、その国で暮らしている多くの人たちの間には、当然大きな違いがあります。だから旅行客に評価されたとしても、その評価には再現性がないのです。

1店舗目の出店はどうだったのか

ビジネスとして飲食業を展開している企業であれば、マーケティングのセオリーに従って考えていくはずです。商圏分析から始めて競合分析へと進み、そのうえでどういうポジションを取れば勝てるのかと考えを進めていきます。企業として事業を展開しているのだから、当然のプロセスです。仮に上場企業のトップが「今回の出店は、私の直感で決めました」などと株主総会で言ったりすれば、株主から猛反発されます。

海外、特にアメリカの大手チェーンなら、絶対にそんな行き当たりばったりの展開は取らないはずです。クロスSWOT分析やSTP分析はもちろん、チェーン展開の場合は、多店舗化した場合のロジスティックス、つまり物流体制までを考えている。だからマクドナルドにしてもスターバックスにしても、あれだけの多店舗展開をして成功しているのです。

しかも商品はもとより、プロモーションにも非常に長けたスキルを持っています。スターバックスが当初アピールしていた「サードプレイス」、つまり自宅でも職場でもない、第3のリラックスできる場所などは、その典型だと思います。スターバックスのコーヒーそのものをアピールするのではなく、その場所や存在そのものを魅力として打ち出しました。最近ではフルーツ系のフラペチーノ®が人気を集めていますが、カスタマージャーニーでペルソナを設定したうえで、ＳＮＳをうまく活用した作戦勝ちだと思います。

あくまでも道具としてマーケティングを活用する

スターバックスでは、コーヒーを淹れる人をバリスタと呼びます。実際には接客からレジ、仕込みに洗い物なども担当していますが、それでもバリスタという特別な名をつけられると、単なる店員やバイトとは違うという意識をバリスタ自らが持つようになります。作っているのはコーヒーであり、本質的にはドトールと何かが決定的に違っているわけでもありません。ドトールはスターバックスとは違って、駅チカ・早い・安いなどのイメージがあり、それで良しとしていて、これもまたマーケティング戦略だと思います。

マーケティングデータはあくまでもツールです。だから使い方をきちんと学んで、うまく使いこなせばよいのです。マーケティングの中でも、日本の外食に大きく欠けていたのがブランディングです。ブランディングとは、商品に付帯する価値を最大化するために不可欠なものです。だから付加価値ではなく、価格での勝負しかできませんでした。

その背景には、ペガサスクラブによって提唱されたペガサス理論があります。元はアメリカで生まれたチェーンストア理論と呼ばれる経営手法ですが、これはあらゆる企業活動を中央集権的に本部に集中させて、店舗はオペレーションだけに専念するやり方です。

これを日本に導入したペガサスクラブは、マニュアルを作って生産性を高めて、再現性のある商品を大量生産して安く売れば勝てますと指導しました。それまで日本にはなかった考え方であり、１９６２年にペガサスクラブができた当時は、画期的な考え方でした。しかし、その裏にあったブランディングを一緒に取り入れなかったのが失敗だったと思います。安いだけでは、いずれ勝てなくなってしまいます。

私自身、子どもの頃はマクドナルドのハンバーガーにあこがれていました。好きなだけ食べたい、とコマーシャルを見ていました。まさにブランディングされていたわけです。そして味覚はブランディングが効果を発揮しやすいジャンルです。味覚は五味、つまり甘味、塩味、酸味、苦味、そして旨味からなります。けれどもブランディングによって、五味がもたらす感覚をすっ飛ばして、おいしいと感じさせてしまうことができるのです。味覚といっても最終的には脳で感じるものですから、コマーシャルなどによってインプットされている情報によって、感じる味などはいくらでも変わります。

マクドナルド＝おいしい、そう思って食べればおいしいのです。コカ・コーラも同様で「暑い→のどが渇いた→コーラを飲みたい」というブランディングを極めました。ブランディングというと、すぐにルイ・ヴィトンだとかシャネルだとかを思い浮かべがちですが、実際に今の暮らしではあらゆるブランドに取り囲まれています。

その意味では、おそらく今の30代以下の人たちなら「セルフブランディング」といえば、ブランディングの力を理解してもらえると思います。自分を高く評価してもらうために、相手にとっての自分のイメージをいかにコントロールするか、です。もちろん内実を伴ったうえでないと、逆効果になるので、十分に注意する必要もあります。

ちなみに私はセルフブランディングなどまったくできません。今でこそ経営者を務めていますが、本質的な内面は組織を率いて前に立つような人間では決してなく、むしろ実験室で試験管などを相手に黙々と作業しているほうがよほど向いています。とはいえ今は、経営判断を下す際にワクワクする瞬間があるのも事実ですから、これもバランスの問題なのだと思います。

セルフブランディングは圧倒的にアメリカのCEOがうまいです。スティーブ・ジョブズのプレゼンテーション、いつも同じTシャツで通すマーク・ザッカーバーグ、かなり異色ではありますが、イーロン・マスクなども計算したセルフブランディングをしていると思います。

ロールモデルから学び、学びを徹底する

私が参考にさせてもらっている星野さんや冨山さんの動向はできる限りウォッチしています。書評が書かれていたらその本を読み、ニュースに対してコメントをしていたら、

そのニュースを確認します。

二人に見えている風景を、自分も見たいのです。同じニュースに対しても、いろいろな受け止め方や考え方がありますから、まず自分のロールモデルともいえる二人が、どう解釈したのかを知ります。この作業を通じて、彼らの判断基準や判断プロセスを自分なりに学ぶことができるのです。将棋にたとえるなら、特定の局面で次の一手に何を打つのか、同じ案を自分は考えられたのかと、いつも自分に問いかけます。

私は日々、なんらかの判断を下していかなければなりません。けれども自分が万能だなどと思うはずもなく、自分よりうまく経営できる人がいれば、その人に任せたほうがよいとすら考えます。たまたま会社としての歴史、創業者との関係性などを考慮すれば、今のところは私が最適かもしれませんが、この状況が永続的なものだとはまったく思っていません。客観的に私がいないほうがいい状況になれば、さっさと辞めるだけの覚悟はしています。

実際、私でなければできないタスクは、どんどん減りつつあります。海外進出にしてもよちよち歩きぐらいのレベルで進めていますが、今後はもっと高速経営できる人がどこかに現れるはずです。そんな人材が見つかったとき、私がトップに居座るのではなく、いさぎよく交代すべきだと考えています。これは私が冨山さんから得た学びでもあります。冨山さんの口癖に「日本の老害」があります。功成り名を遂げた経営者は、日本にも数多くいます。その中にはトップの座に居座ろうとする人も結構、存在します。とっくの昔に若い人には勝てなくなっているにもかかわらず、俺は昔、強かったんだと胡座をかいて動きません。そんな人をどかすための仕組みを、組織は最初から組み込んでおくべきです。でないと一世を風靡した経営者ほど、自ら退こうとはしないからです。将棋が弱くなったら、自動的に外れてもらいますよという決まりを作っておいて、それを守る。そこまでしてでも正しい経営者を選ぶべきだ、というのが冨山さんからの学びです。

この学びを私たちのような中小企業に当てはめると「お前は、退くべきときに、自分で自分の首を切れるか」になります。これができない、いわゆる老害化した経営者たちが日本には多くいます。できるものなら、私がそんな人たちを道連れにして、若い人たちに道を譲りたいとすら真剣に思っています。

譲るときに大切なのがマネジメントの根幹です。誰の言葉だったのかを忘れてしまったのですが「マネジメントとは、自分ではない人を通じて、自分のやりたい何かを実現することだ」という言葉に出会い、これこそが真髄だと思いました。

要は人に自ら動いてもらうのがマネジメントの本質であり、しかも動いた人に「動かされた」とは絶対に思わせてはいけません。その人には「自分がこうしたいと思ったから動いただけ」と思わせなければならないのです。簡単でないのは重々承知のうえですが、それがマネジメントだということです。

理想はアントニ・ガウディ

マネジメントの根幹ともいえる考え方を実現した人物ではアントニ・ガウディもそうです。スペインのカタルーニャ出身の建築家であり、あの有名なサグラダ・ファミリアを設計した建築家です。ガウディは経営者ではありません。けれども見事に人を動かした、というか、今も動かし続けています。

ガウディ自身は１９２６年、今から１００年ほど前にこの世を去りました。にもかかわらず１００年経った今でも、サグラダ・ファミリアは作り続けられています。着工自体は１８８２年ですから、今から１４０年以上も前になります。しかもガウディは、自分が生きている間に完成したサグラダ・ファミリアを見られるようになるなどとは、まったく考えもしませんでした。それどころかいつ完成するのかも、分からないまま亡くなってしまったのです。それでもきっとあとに続く人たちが、作り続けてくれると信じていたのでしょう。

近年では、３Ｄプリンタなどの最新技術を活用することで、サグラダ・ファミリアの建設は大きな進展を見せており、２０２６年にはメインタワーが完成する見通しとされています。しかし、これまでサグラダ・ファミリアの建築に携わってきた人たちは、自分は完成した姿を見られないと思って作業してきたはずです。この時間軸の取り方は想像を絶します。そしてこの永続性こそ、経営の真髄でもあると受け止めています。

時間軸に基づいてものごとを考える習慣は、おそらく思春期の頃に身についたものだと思います。ぼんやりとではありますが、いずれ自分も死ぬのだと初めて気づいたのがその頃でした。さらに残り時間を強く意識し始めたキッカケは、私が24歳のときに迎えた母の死です。母は52歳で天国に旅立ちました。それから自分にとって、52歳を一つの区切りとして意識するようになったのです。

この時間に対する認識が生まれたため、将来についてもいつも逆算して考えるようになりました。グローバルダイニングに入ったときも、残り時間を考え、料理までを学んでいる余裕はないと判断したのです。

こんな話は人にしてもなかなか理解してもらえないのですが、自分の人生時間について、ぜひ一度考えていただきたいです。まだ死をイメージできないのであれば、何歳までなら働けるかと考えるのも一案です。もちろん、何歳まで働きたいか、仕事を辞めたら何をやりたいのかでもいいです。できれば早い間に一度、自分の時間軸を整理して考えてみるべきです。

人生を賭けたアメリカ進出

私にとってのサグラダ・ファミリア、というほど大げさなものではありませんが、ぜひあとに続く人たちのために拓いておきたい道が海外進出でした。２００５年に入社したときから、自分の中では海外で出店する構想を温め、少しずつ根回しをし、会長に対しては慎重に話を進め、２０１２年に社長に就任するとともに意思決定をしました。

当時、出店は決めたものの、どこに出すのかについては迷い続けました。日本でもそうですが、特にアメリカでは立地によって客層が決まってしまいます。アッパー層を狙うのならそれなりの立地、そうでないのならまた別の場所を考える必要があります。

社内で議論を重ねる中で、まずお客様として設定したのがファミリー層です。この人たちにとって日常食として使いやすい価格帯で提供する。このようなプロセスを経てＳＴＰが固まると、ではそのようなお客様がいるのはどこなのかと、場所探しにつながっていきます。

ロサンゼルスは、ロサンゼルスカウンティとオレンジカウンティの2つに大きく分けられます。ロサンゼルスカウンティはカリフォルニア州で最も人口の多い郡で、多様な文化が混在する国際都市です。一方のオレンジカウンティは、ロサンゼルスカウンティの南にあり郊外型の住宅地といったところです。日本にたとえるなら、ロサンゼルスカウンティは東京23区であり、オレンジカウンティは千葉県や埼玉県といったところです。

最終的に最初の出店場所として選んだのは、オレンジカウンティでした。

悩み抜いた末に完成した現地仕様

さまざまな経緯を経て、いよいよオレンジカウンティ・コスタメサ（Costa Mesa）への出店が決まりました。ここで幸運だったのが、イベントが絶好のテストマーケティングになっただけでなく、出店に際してのプロモーションとしても機能したことです。おかげさまで、米国進出時にはどこに出店するんだと興味を持ってもらえました。

そして、いよいよ出店となるわけですが、出店直後からはネット上での口コミには細心の注意を払っていました。なぜならカリフォルニア州は完全な車社会です。つまり街を歩いていて、偶然ラーメン店を見つけて入ってきた、などというようなお客様はあり得ません。車で来るということはすなわち、あらかじめ目的地を決めたうえでお客様はやって来るということです。

お店選びは口コミサイトが最有力でした。とにかくサイトをチェックして、もしも何か悪いコメントが寄せられていれば、すぐに対応するようにしていました。私たちは口コミランキングの5段階のうち、最低でも4以上をキープしておかないと選んでもらえないという仮説を立てていたのです。そのためあえてオープニングセールもやりませんでした。新店オープンでは大安売りやおまけをつけるなどのセールを、ついやりたくなります。しかし、アメリカではそのようなイベントは、諸刃の剣となりかねません。

知人が以前、ロサンゼルスで居酒屋を始めました。彼はオープンで半額セールをやったところ、セール期間の2日間、とてつもない数のお客様が来たそうです。新店オープンとは、スタッフにとっても、接客業としての初日となります。そんな状態でお客様が押し寄せると、どうなるかは目に見えています。お客様を待たせたり、気持ちが焦るからトンチンカンな対応をしてしまったりで、せっかくのお客様を十分にもてなせなくなります。普段ならできているはずの接客をできなくなり、その結果口コミサイトに2とかの低評価をつけられてしまいます。彼の店の評価は、平均スコアで2・5以下に落ちてしまいました。一生懸命にオペレーションを立て直そうとしましたが、時すでに遅し。あっけなく潰れてしまいました。

その話を耳にしていた私はオープンセールを一切やりませんでした。焦ってマイナスの評価をつけられたりしては、元も子もありません。それよりじっくり構えて、QSCすなわちQuality（料理の質）、Service（サービス）、Cleanliness（清潔感）のいずれにおいてもハイレベルを維持するように固めていったのです。もう一つの重要な要素、Atmosphere（雰囲気）については、店内に福島の民芸品を飾るなど日本のイメージを打ち出しました。

また喜多方ラーメンは日本三大ラーメン、すなわち札幌ラーメン、博多ラーメンと同じカテゴリーだということも全面的にアピールしました。来店があると、あえて日本語で「いらっしゃいませ」と言うようにしていました。

従業員に対するマネジメント

日本食を出す店の日本人経営者特有の悩みとして、よく聞かされるのが従業員とのコミュニケーション問題です。日本では店員はもとより、アルバイトに対しても、雇い主と雇われる側という関係性をお互いがある程度認識しています。だからといって雇う側が偉そうにするなどという話ではもちろんなく、とはいえお互いの間にある程度は「阿吽の呼吸」のようなものが形成されています。

けれども、例えばアメリカでは、そんな空気感のようなものは通用しません。私が見ていて思うのは、まずお互いの間に信頼関係を作るのが基本であり、これはどこの国でも変わりません。ところが、いきなりアメリカに出ていった日本人経営者は、なぜか現地スタッフとの間に妙な壁を作りがちなようです。

私はよく現地スタッフに対して、仕事の終わったあとに「ちょっと一杯飲みに行こう」と気軽に誘っています。以前、アメリカではそんな誘いかけをすると、すぐに「それも仕事ですか」「それ時給出るんですか」などと尋ねてくる、というような話を噂で聞いていました。

けれども、思いきって声をかけてみると結果は正反対で、喜んでついてきてくれます。「今日は焼き肉でも行こう」なんて誘ったりすると大喜びです。コスタメサも親日の町ですから、日本食を好きな人は多いのです。中でも日本の「ＹＡＫＩＮＩＫＵ」は大人気でみんな大はしゃぎします。

ちなみにスタッフのほとんどは、アジア系のアメリカ人です。人種に関わるナイーブな部分は、アメリカに出店する際の難しさであり、逆に面白いところでもあります。日本にいると一口にアメリカ人と大雑把なくくり方をしますが、実際にアメリカに腰を落ち着けてみると、まさに人種のるつぼという言葉を肌感覚で理解できます。白人はもとより、いわゆるアジア系といってもベトナム系と中国系ではまったく違い、ヨーロッパ系で似たような言語だとはいえ、イタリア系とスペイン系では気質がまったく違います。

要するに安易にカテゴライズして、それで分かったつもりになってはいけないのです。そんな安易なやり方ではなく、人間関係を作るときの基本に立ち返ればよいだけの話だと気づきました。相手を一人前の人として色眼鏡なしで向かい合い、一人ひとりに真摯に対応する。こちらは仕事を頼む立場であり、頼んだ仕事をしてくれたら、正当な報酬を支払います。仕事を頼むときには、相手に分かるように説明を尽くします。

同じく事前に聞いていたのが、アメリカで会社を作ったりすると、労働問題ですぐに訴えられるという話でした。残業代にもシビアで少しでも足りないとクレームをつけられるとか、少しでも威圧的な態度を取ればパワハラと非難されるといった内容です。しかも相手はすぐに弁護士を雇って裁判沙汰にしてくるから、よくよく注意したほうがいいなどと、日本人の先輩経営者に教えられたりもしました。

私のMensyoku U.S.A. Inc. は、初出店して10年になりますが、いまだに訴訟沙汰になったケースは1件もありません。土地柄が影響している部分はあると思いますし、時に「ちょっとまずいか」と感じたケースもありましたが、今のところ大事には至っていません。サンタモニカに店を出している日本人の知り合いは「いつも最低でも3件は裁判を抱えてます」と話しているので、幸運なのは間違いないと思います。

ただ、彼の話を聞いていると、やはり従業員とは距離をおいている感じが否めません。相手も人間ですから、こちらが構えれば、その気配は必ず伝わります。この感覚は、私が剣道をやっていたから、特に人よりよく分かるのかもしれません。そうではなく、こちらから相手に寄り添っていけば、人は基本的に受け入れてくれるものです。アメリカでのマネジメントだから、などと意識するから間違ってしまうのではないかと思います。

日本食が海外進出するときのアキレス腱、サプライチェーン

人の問題は、接し方次第で対応が可能です。けれども、こちらの思惑や行動だけではどうしようもない問題が、サプライチェーンです。もしかすると、日本食が海外に進出したときに、いまひとつうまくいかない決定的な理由といっても過言ではないかもしれ

ません。現地に店を構えて、営業を続けていくためには、食材の安定供給は必須の課題です。麺はもとよりチャーシューも、あるいはスープを作るための素材から調味料に至るまで、望みどおりのものをなんとかして手に入れるために手を尽くしました。

最も簡単なのは、日本で使っている食材をそのまま持ち込めばいいのですが、コストや輸入規制を考えれば現実問題として不可能です。そうなると日本の食材を扱っている商社に頼らざるを得ません。ところが、その選択肢がごく限られているのです。

私も意外でしたが、日本の食材を扱っているサプライヤーは海外ではほとんどないに等しいのです。アメリカのマイケル・ポーター教授が提唱したいわゆるマーケティングの5Fのバランスが大きく崩れてしまいます。マーケティングの5Fとは、特定のマーケットに働いている5つの要素を表す用語です。すなわち業界内の競合、新規参入の脅威、代替品の脅威、売り手の交渉力、買い手の交渉力であり、新しいマーケットに参入するときには、この5つの要素を把握しておく必要があります。

私たちがアメリカに進出する際にどうだったのか。業界内の競合は、日本ラーメン店は現地にありましたが、厳密に味で細かく区分すれば、喜多方ラーメンの競合はありま

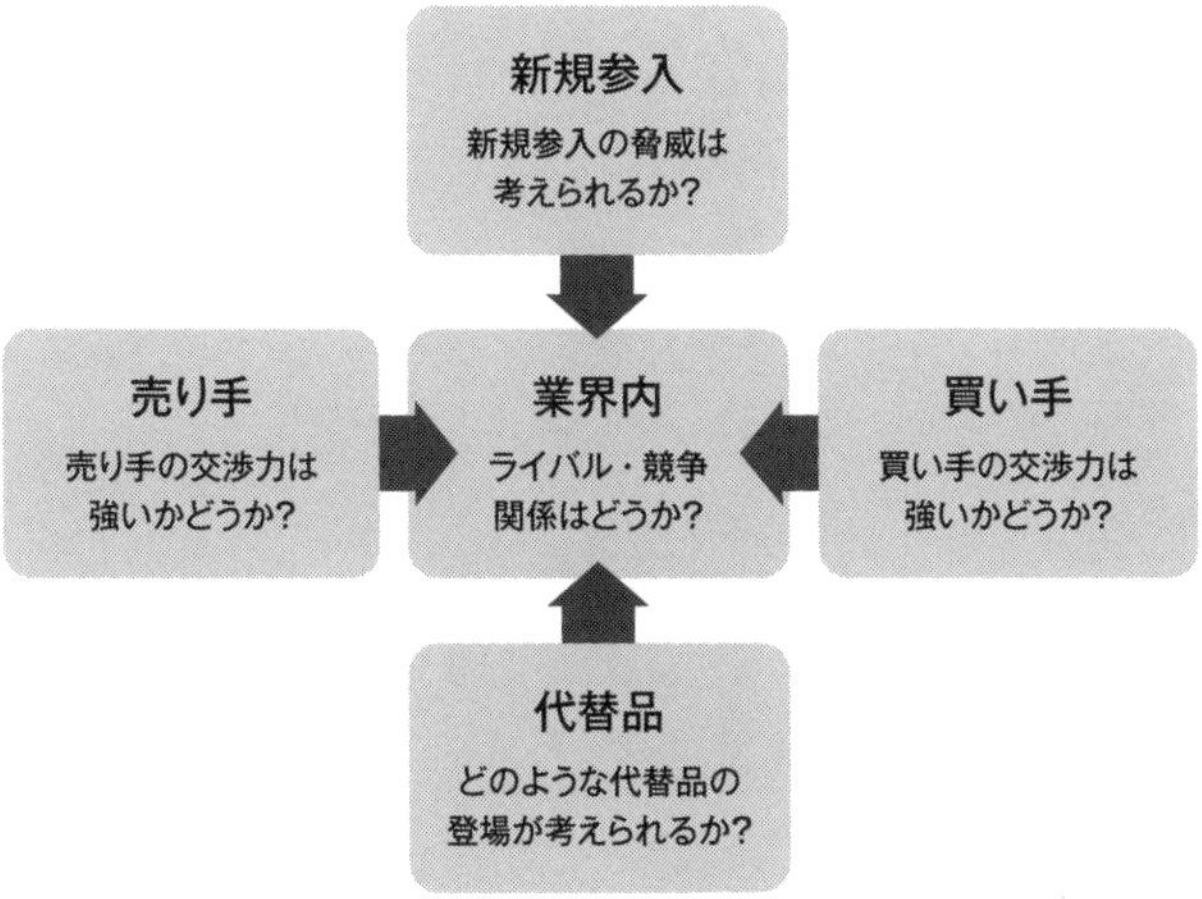

マーケティングの 5F

せんでした。新規参入の脅威については、常に警戒していて、だからこそ早く出店しなければならないと少し焦ってもいたのです。代替品をあえて挙げるなら、すでに現地に出ているベトナム料理のフォーなどが相当するものの、これは共存できると考えました。買い手の交渉力については、現地での日本ラーメンの標準的な価格で提供しておけば、特に問題にはなりません。

何よりの問題は残る一つ、売り手の交渉力だったのです。売り手つまりサプライヤーが、完全な寡占状態ですから、力関係では圧倒的に相手優位です。こちらには十分な選択肢を与えられず、価格についても交渉の余地などほとんどない状況で、仕入れたもので味を再現できるかといえば、それは不可能でした。だから頭を下げて、価格についても相手の要求を受け入れて（もちろん粘り強く交渉もしましたが）、可能な限り望む食材を日本から仕入れてもらいました。それでなんとかやり繰りしているのです。

その配送についても、日本でのコンビニチェーンに対する配送のようなものではありません。うちのような小規模なラーメン店の前に、11トントラックが横付けされて、食材が運び込まれます。多頻度小ロットの配送など望むべくもありません。これだけはアメリカンスケールに、我々が合わせるしかないのだとあきらめている部分です。

だからこそ新しいビジネスを考える人に対しては、海外での日本食材サプライヤーはこれから有望だと、ぜひ伝えておきたいと思います。プレイヤーが極めて限定されている、という現状が意味するのは、ここが意外なブルー・オーシャンだという可能性です。

実際の成功事例で、知人にアメリカで魚料理の和食店を出した人がいます。彼の店も残念ながら飲食店としては、望んだような実績をあげられませんでした。けれども、そこで偉かったのがきれいサッパリと方針転換した思いきりの良さです。

彼は魚料理を出すために、独自に魚を冷蔵したり、チルドで入手する経路を作り上げたりしていました。そのサプライチェーンを流用して、アッパークラスの人たちが暮らす地域にあるスーパーに、食材として新鮮な魚類を提供するビジネスを始めたのです。アメリカではアッパーな人たちほど、ヘルシーな魚を好んで食べるようになっています。そんな人たちに、新鮮でおいしい魚は受けが良く、スーパーも喜んで彼から仕入れてくれました。そこで役に立っているのが、日本流のきめ細かな鮮度管理です。おかげで彼は今ではビリオネアになっています。

本業でチャレンジしてうまくいかなかったからといって、あきらめたりする必要は何もないのです。真剣に挑戦したのであれば、そこからは必ずなんらかの学びを得ているはずです。その学びは、意外な領域で活かせる場合があるし、本業のすぐそばで活用できるときもあるのです。

海外で成功するかしないかは熱量で決まる

日本食が海外で成功するのは難しさを感じた人もいるかもしれません。もっとも「日本食」にしても「海外」にしても、極めて大雑把なくくり方であり、だからこそうまくいかない要因になっています。日本でのやり方を、そのまま海外でもやろうとするとほぼ100％失敗します。

みんなが意外に気づいていない事実が一つあります。それは日本で1号店を出したときに注ぎ込んだ熱量と、日本である程度成功したあとに海外で店を出すときの熱量の圧倒的な違いです。

日本で初めて自分の店を出そうとした、そのときには誰もが全力を注いだはずです。「人事を尽くして天命を待つ」というように、それなりに人生を賭けているのだから、失敗しないようにできる限りの準備をしたはずです。けれども、それと同じだけの気構えをもって、海外に出店しているかといえば、決してそうではないと思います。

そもそも海外に出店しようなどと考えるのは、すでに日本である程度の成功を収めたからです。失敗すれば痛手を被るのは当然ですが、とはいえ最初に店を出したときのように、人生を賭けるつもりでもないのです。

その程度の気構えでいるから、自分が現地に乗り込んで徹底的にやろうとするよりも、パートナーを探して全部任せたり、逆に現地でビジネスを営んでいる人から「日本食はブームですから店を出しませんか」などという誘いを受けると、安易に乗ったりするわけです。出店エリアを大まかにでも決めた段階で、自分の目で現地を見る作業を欠かしてはならないのです。これだけは鉄板の鉄則といっても言い過ぎではありません。

たしかに日本食は今、世界中でブームの兆しがあります。だからといって、どこに店を出しても成功するほど甘い世界ではありません。飲食店というビジネスは、出店場所から半径数キロ程度の人たちに喜んでもらわなければ成立しないのです。

飲食店は誰にでも開かれているので、客として中に入っていけば、接客や味付け、使っている食器、さらには流れているＢＧＭに至るまで分かります。飲食店を成立させる4つの要素、Quality、Service、Cleanliness、Atmosphereのすべてが丸見えだからです。この分かりやすさが、ほかのビジネスと飲食業の決定的な違いです。

私自身の経験では、ニューヨークの片隅で見つけたピザ店が強く印象に残っています。決してきれいな店ではありませんでした。入り口も狭いし、そもそも表に目立つような看板などを出しているわけでもありません。けれども見ていると、食事どきにはひっきりなしにデリバリーへ出かけていきました。宅配がメインのピザ店のようで、配達しているのはおじいさんでした。店頭へ買いに来るお客様もいて、ピザをテイクアウトするだけなのに、みんながニコニコしているのが印象的でした。前を通るその人たちを見ていると、プ〜ンとなんともいえない良い香りが漂ってきて、実際に買って食べてみるとたしかにおいしい。それも「とびっきり」のおいしさではなく「毎日食べられる」おいしさなのです。自分で五感を研ぎ澄ませて、街を歩き、全身でおいしさを感じた店でした。

食文化の違いに気づけるか

調査を尽くして出店してからも、軌道に乗り始めるまでは自分で店に張り付くのは当たり前だと思っています。そうやって店での様子を自分の目で確かめていると、そもそもの食文化の違いを肌で理解できるようになりました。アメリカやヨーロッパの飲食店に自分で入って見ていると、食事の時間を大切にしている人の多さに気づきます。もちろんマクドナルドのようなファストフードの店はまた別ですが、いわゆるレストランでは単に食事するだけではなく、食事の間の会話などを楽しんでいる様子が伝わってきます。

アメリカで1号店を出すときにも、自分で行っていた事前リサーチがとても役に立ちました。そのおかげで食事時間についての知識を得られていたからです。

アメリカではラーメン店に家族連れでやって来ると、平均して1時間は店で過ごします。ラーメン店で1時間なんてあり得ないというのが、日本の感覚です。そもそもせっかく作ったラーメンが伸びてしまうじゃないかと思うでしょうし、日本のカウンター式のラーメン店で1時間もかけてちびちびと食べたりしようものなら、店長が「さっさと食べてほしい」と心の中で毒づきかねません。

ところがアメリカでは違います。家族でラーメン店に食事に来る人たちにとって、ラーメンは決して主役ではなく、あくまでも脇役です。大切なのは仲の良い人たちが一緒に楽しく過ごす時間であり、ラーメンはその場を盛り上げるためのツールに過ぎません。だから少々麺が伸びても平気だし「なんなら持って帰って食べるから、気にしないでいいよ」なんて店のスタッフに言ってくれたりもするのです。

彼らにとって食事とは、単に食欲を満たすための行動ではなく、食事を通してみんなと共有する場や時間を楽しむ大切な行為です。だからこそ、食事はおいしくて当たり前なのです。このような食事の場の楽しみ方については、彼らのほうが私たち日本人より一枚上手ではないかと思います。

日本にそのような食事の場を楽しむ文化があったかどうか、江戸時代あたりまでさかのぼってみると、例えば武士の食事は男同士でとるものであり、女性がその場に加わったりするケースは、まずありませんでした。さすがに昭和の頃には、家族そろって楽しく食卓を囲んでいたのかもしれませんが、私は核家族化が進んだ世代のため、食事の場についての意識はあまり高くありませんでした。だからこそ逆にアメリカでの食事風景を見て「なんか、いいな」と感じました。

ともあれ異なる食文化の世界でも、経営者としては時間単価、客単価を考慮する必要があります。日本で展開している店のように、しょせんラーメン店なんだからと、ひたすら回転率を高めるような考え方では、お客様には満足してもらえません。

事前に現地のラーメン店の客単価の設定を見て回ると、どこもだいたい日本での3倍ぐらいの値付けでした。当時、私たちは日本で1杯600円ぐらいで出していたのですがコスタメサ店では1000円ぐらい、ほかにもビールやサイドディッシュを提供して、客単価は2000円を超えました。

それだけの時間消費をしてもらうための品ぞろえを検討しましたし、BGMを含む店の雰囲気にも気配りをしました。1時間を楽しく過ごし、1人あたり約2000円を払ってもらって「来てよかったね、また来ようね」と満足のできるお店です。家族5人で来てもらっていれば、トータルで1万円です。ラーメン店で1万円とは、日本とはかなり感覚が異なります。

さらに食事の楽しみ方は、アメリカとヨーロッパでも違いがありました。本書を書いている2025年の時点では、次の展開先としてヨーロッパのドイツを考えているため、できるだけ通うようにして、現地のレストランをあれこれチェックしています。

ドイツ人とアメリカ人では明らかな違いが一つありました。それは料理を「シェアするか、しないか」です。アメリカではなんでもみんなでシェアして食べるのに、ドイツではそういったことはせず、カップルで来ていてもそれぞれが好きなメニューを頼み、自分の頼んだものを食べます。これも食文化なのだと思います。これによりドイツ出店の際には、複数で来店されたお客様に対して、料理をシェアしない前提でメニューを設計する必要があると分かりました。

食事をしているときの様子も違います。アメリカの人たちがにぎやかに、楽しそうに食べるのに対して、ドイツの人たちは基本的に物静かです。だからといって食事が楽しくないのかといえば、決してそうではありません。店に入ってきたときと、食事を始めたときでは明らかに表情の柔らかさが変化しています。ただマナーのようなものが違うだけなのです。海外、特に欧米では少なくともそうでした。今では各地の食文化の違いを知るのが私自身の楽しみにもなっています。

欧米での日本食出店では競合が少ないという意外な事実

新規出店に関して、自分たちの商品に自信があれば、妙なオープンプロモーションなどしないほうがよい、と実感しました。参入障壁が低ければ、新しいプレイヤーが次々と入ってくるため競争が激しくなり、結果、価格競争が起きたり、真似されたりと経営サイドにとってみればとても大変です。

しかしアメリカでは、そもそも簡単には競合が入ることができないため、最大のリスク要因として検討すべきは、競合対応などではなく、自分たちが出店する場所になります。一度店を構えてしまったら、簡単には移れませんし、家賃も発生し続けます。商圏内に住まう人々がターゲットになるわけですから、どんな人たちが暮らす地域なのかも吟味しなければなりません。

実は商圏についても、アメリカは考えやすいと感じています。なぜなら同じロサンゼルスのオレンジカウンティといっても、エリアによって住人の所得層がかなり明確に分けられるからです。

そして私たちは、もう一つ少しちょっと変わったルールを作りました。それは「1号店では大儲けを狙わない」です。単店舗でずっと続けるつもりはなく、最初から多店舗展開を視野に入れているので、1号店は絶対に失敗できません。

だから利益が出ればラッキーぐらいの感覚です。1号店で赤字が出なければ、そこを足がかりにして次の展開を考えることができます。

逆に万が一、1号店で大赤字を出したりすれば、撤退しなければなりません。そうなるとせっかく確保した橋頭堡《きょうとうほ》を失ってしまうことになります。競争が厳しくないからといって、1号店をおろそかにするのはとんでもない話で、実際のところ、これほど慎重だったにもかかわらず、多店舗化するには時間がかかりました。計画では5年で5店舗は展開したいと思っていましたが、とてもそこまではいきませんでした。

海外出店の何よりのハードルは許認可

出店に対するアメリカでのハードルは許認可です。日本でも飲食店を出そうと思えば、保健所から営業許可を得る必要がありますが、食品衛生責任者を置き、保健所へ書類を提出すれば、ざっと3週間以内に営業許可証を出してもらえます。これがあれば、何も問題はありません。開栓していないお酒を売るためには、酒類販売業免許が必要ですが、開栓した酒類を食事としてお店で提供する場合、深夜営業でなければ原則免許は不要です。

これに対してアメリカでは、保健所のライセンスはもちろんですが、お酒を出すためには別のライセンスも必要です。それもビールやワインのようにアルコール度数の低いソフトリカーと、ウイスキーなどの度数の高いハードリカーでは許認可が違ってくるのです。もちろんハードリカーの許認可を取るほうが、ハードルは高まります。

また店の設計についても建築系の許認可が必要です。例えば入り口の幅や店内の通路幅、トイレの大きさなどについてバリアフリーが求められるだけでなく、従業員の安全性確保も厳しくチェックされます。そのあたりを曖昧にしたまま出店した人の話を知り合いの弁護士から聞きました。アメリカにはわざわざそういうお店を狙って裁判を起こす人がいるそうです。さすが訴訟王国、アメリカです。実際に私たちも、このバリアフリー関連で訴訟を起こされそうになりました。実際の店を対象としてではなく、店のホームページに難癖をつけられたのです。「目が悪い人のための配慮、バリアフリーになっていない」との指摘でした。最初は何のことだか分からなかったのですが、要するに目が見えなくても分かるように音声案内をつけておけ、というクレームでした。視覚障害者に対して差別している、だから訴える、と脅されました。驚いてすぐに弁護士に相談したところ、それはこちら側のミスだと指摘され、訴訟沙汰を避けるため解決金を払ったほうがいいとアドバイスされました。ホームページでさえ、このような事態になるのですから、細心の注意が必要です。

バリアフリーに加えて、酒販の許認可も難物です。新規に取ろうとすると、まず店のまわりの住人に対して告知を行ったうえで公聴会が開かれます。そこで住民の納得を得られれば許認可を得られますが、周辺の治安が悪くなるとか、子どもたちに悪影響があるのではないか、という意見も出てくるので、そういう人たちを納得させなければなりません。最近では面倒な手続きを避けるために、すでにアルコールライセンスを持っているところを、ライセンスごと買うのが、現地の知恵だと教わりました。

それでもアメリカ出店にこだわったわけ

出店に関わる面倒な手続きがあることは分かっていました。それでも一般的に楽に出店することが可能なアジア地域ではなく、アメリカにこだわっていました。

その理由ですが、かなり俯瞰的な視点で通貨を問題視したからです。事業発展のために稼ぐのであれば、収益は基軸通貨のドルもしくはユーロで得るべきだと考えていました。そのうえでシンプルかつうまいラーメンをきちんと評価してくれる人が多くなってきた、いわば「ラーメン偏差値」が上がってきたと感じたアメリカを選びました。しかもアメリカでうまくいけば、おそらくカナダでも成功する確率は高くなります。アメリカ、カナダと成功が続けば、その次はヨーロッパが見えてきます。

ではアメリカの中でも1店舗目は、どこを狙うべきなのか。アメリカにはニューヨークという大都市があり、ほかにも日本人が比較的多いボストンや、シアトル、テキサスなど出店候補地はいくらでもあります。私が何を基準にして選んだかといえば、アジア系の食文化に対する認知度で、これは西海岸のほうがありました。これにより西海岸に気持ちが傾き、最終的な決め手となったのは人でした。

今Mensyoku U.S.A. Inc. の社長を務めてくれている添田は、学生時代にオレンジカウンティの大学に通っており、街については熟知していました。添田はリヴァンプの出身で、私のビジョンに共感して入社してくれた人物です。その添田と一緒に現地調査を行って、出店場所も決めました。

調査を進める中で、オレンジカウンティの住宅地が有力候補となり、とはいえ郊外のロードサイドも捨て難いなどと揺れている時期がありました。そこでもっと情報を取りたいと考えて、出向いたのが日本人街のキャバクラです。この店は現地で発行されている日本人向けの情報誌に広告を出しているところだったので、おそらく日本人の経営者が行く店に違いないと当たりをつけたのです。一人で乗り込むには、かなり勇気が必要でしたが、思いきって入ってみると感じの良い女性が相手をしてくれました。思ったとおり、その店には現地で出店している日本人経営者が多数来ていました。その人たちについての話を彼女に聞いてみると、いろいろなことを教えてくれ、街のラーメン店巡りにも連れて行ってくれました。そんなこともあり、現地情報に詳しくなって最終的に出店場所をオレンジカウンティの住宅地に決めたのです。

　自分から言い出してアメリカへ進出するのだから、本当にこだわりました。おかげで今のところ少なくとも失敗はしないでいます。

企業理念は経営における北極星

出店を決めるときには、マーケティングのセオリーに従って、クロスSWOT（強み・弱み・機会・脅威）分析もしましたし、それらに基づいたSTPの設定もしました。それでも社内のミーティングでは議論が白熱し、着地点が見えづらくなるときがあります。そんなときに最終的な判断基準としていたのが、企業理念です。

「食を通じた気持ちの温もり」を伝えることで世界中の人々を笑顔にする

この理念を実現するためには、どうすればよいのか、と立ち返って考えれば、誰を笑顔にしたいのかが見えてきますし、その人たちがどこにいるのかと立地も絞られてきます。笑顔にするためには、どんなメニューを提供すべきなのかも定まります。

そのうえでコストや価格設定など、自分たちの事業を継続していくためのことを考えればいいのです。企業理念とは、事業経営において迷ったときに頼るべき北極星です。

理念の大切さを知ったのは、グローバルダイニングにいたときです。くしくも同社の理念が株式上場によって、株主価値の最大化へと変わっていったのも目の当たりにしていました。その変化で、上場することが企業にとっては一大ターニングポイントになると学び、同時に自分としてはお客様志向を徹底していきたいとも考えました。

しかし、うちの会社に入って正直、びっくりしました。理念は、見事なまでにぐちゃぐちゃだったからです。創業者によって語られた言葉が『中原語録』としてまとめられていましたが、なんと100項目ぐらいあったのです。たしかに店へ行けば、みんなは商品を大切にしようと努めているし、丁寧な接客もしているので語録は暗黙知として定着しているのが分かりました。いろいろな言葉を集めて、悩んだ末に、コンサルティングの濱中さんに相談しました。

すると「焦って無理に作るのはやめたほうがいい」とアドバイスしてくれたのです。そのとき、最初から言葉を考えて理念を作るのは違う、と気づきました。まず目の前のお客様に喜んでいただく。それを続けているうちに、自然に何かまとまってくるものなのかもしれない、そう思いました。『中原語録』もその積み重ねに違いありません。整理する人がいなかっただけの話だったと思います。
こうして、今の企業理念が固まっていったのです。

ちゃんとやれば勝てる

アメリカでラーメン店を多く回っていると、「ちゃんとやっていない店」が多いのに気づきます。味がどこかおかしかったり、サービスが行き届いていなかったり、あるいは店が少し汚かったり……。いわゆるQSCAが整っていないのです。そのような店にはたいてい、店長はおろかスタッフにも日本人がいません。ライセンスフィーを払って、日本ラーメンブランドを借りているのです。貸している日本の会社は、おそらく日本の味やサービスが再現されていると考えているはずです。だから現場を見ないのです。オープン当初は、アメリカまで来てチェックしていたと思います。しかしいつまでも店に張り付いてはいられず、そのうち帰国してしまいます。アメリカでチェーン展開して成功しているラーメン店は、創業者や中核となるスタッフが必ず常駐しています。

私たちも、もちろん現地にいましたし、名誉会長が張り付いてくれたこともありました。英語は話せないし、現地でクルマを運転するのも嫌だからと、父は毎日、自転車で店まで通ってくれました。ニコニコして帰る日があれば、ずっと難しい顔のままのときもありました。スタッフにとってはFounder、創業者ですからそこにいるだけで全員背筋が伸びます。

「当たり前のことをちゃんとやってたら勝てるんだね」と添田と話していたことをよく思い出します。

任せて失敗からの学び

実はちゃんとやらずに失敗した経験があります。オレンジカウンティの1号店が、想像以上にうまくいき、その評判が各地に伝わっていきました。すると加盟店にしてくれという人たちが、連絡してくるようになったのです。

ただ、アメリカでフランチャイズチェーンを展開しようとした場合、許認可の手続きがさらに面倒になります。そこで考えたのが、加盟店をやりたいという人との合弁会社の設立です。権利については、自分たちが2割、先方に8割持ってもらい、収益を得ようとしました。

相手はシカゴの会社でした。出店時には、もちろん私たちが張り付きましたが、運営していくうちに現地のオーナーと意見が合わなくなっていったのです。私たちには理念があるので、お客様に温もりを届けるためにどうすべきかと考えていますが、この理念までを相手が共有してくれているわけではありません。議論を重ねていきましたが、これではいずれうまくいかなくなると悟り、ジョイントベンチャーは取りやめにしました。

その代わりシカゴの店は、自分たちの直営店として展開し続け、これは成功しています。シカゴのダウンタウンからクルマで1時間ぐらいの立地なのですが、韓国系を中心としたアジア人が多いエリアです。

結局、ちゃんとやるためには直営で1店舗ずつ地道に展開していくしかないのかと思ったものの、今ではかなり危機感も持っています。

今のところは大丈夫ですが、喜多方ラーメンもどきが出てきたときに、どう対処するのか、もっとスピード感を高めて展開していかなければならないのではないか、そう考えた結果、改めてフランチャイズチェーン展開の準備を始めているところです。

これは決して簡単な課題ではありません。それでも、なんとしても「日本から来た、あっさりしているけれども、うまいラーメン」のポジションは確保したいと思っています。

同時に二方面展開で、ヨーロッパへの進出準備も始めています。まずはドイツからです。進出準備を始めてから、実際に店が稼ぎ出してくれるまでには、7～8年はかかります。だから2030年までにはヨーロッパでもそれなりのチェーン展開を成し遂げたいと考えています。

3章

「日本食」というコンテンツは、日本人が想像しているよりも需要がある――。グローバルな人材育成で、日本食は世界を席巻できる

目標は、時価総額での世界トップ10入り

２０２３年７月、ゼンショーホールディングスの時価総額が１兆円を超えました。日本の外食業界で時価総額１兆円超えは、同社が初めてです。ちなみに２位が日本マクドナルドホールディングスで９０８１億円、３位がすかいらーくホールディングスで５４８３億円（いずれも２０２４年３月27日時点）ですからゼンショーのすごさが分かります。

２０２３年の世界のレストラン業界大手の時価総額ランキングを見ると、１位がマクドナルド、２位がスターバックスとここまでは日本でも知られていますが、３位はChipotle Mexican Grill（チポトレ・メキシカン・グリル）と日本ではまったく知られていない企業です。

残念ながら世界の外食トップ10に日本企業は一つも入っていません。ミシュランで星

のついているお店の数なら、東京が世界一多いといわれているけれども、外食ビジネス全体として見れば、日本はまったく存在感がないのです。

こんな状態を放置していていいのかと思います。日本食には秘められた価値があるし、成長の可能性は計り知れないのです。その可能性を引き出せるリーダーがいないだけの話ではないかと感じ、だから本書を読んだ若い人には奮起を促したいのです。

なんとしても数年先には、世界のレストラン時価総額トップ10に日本企業が3社ぐらいは入っていてほしい。密かな望みとして、私たちもその一角になりたいと考えています。現状を踏まえるなら、とんでもないビジョンだと笑われるのを覚悟のうえです。ただし目標とは、容易には超えられないレベルに設定して初めて意味があります。現状からはこれは到底無理だろう、ぐらいの目標を立てれば、じゃあどうやって達成するのかと、現状の思考の枠を外して考えられるようになります。

世界ランキングを見ると、アジア系ではYum China Holdings（ヤム・チャイナ・ホールディングス）という上海に本拠を置く中国のファストフード企業がトップ10内に入っているだけです。これではあまりに悔しいと思います。

では考え方を変えて、世界トップ10に入るためには、どうすればよいのか、あるいは、今の私たちには何が欠けているのかです。

トップ10に入っている企業は、いずれもマネジメントレベルの高さが際立っています。完璧なマニュアルが整備されていて（しかも常に改善され続けていて）、組織がきちんと構築されています。スタッフの役割分担が明確化されていて、その人たちを統括するマネジャーがいて、ＫＰＩ（Key Performance Indicator）が定められています。

例えば店で餃子を焼くとして、そのときに「ちょっと焦げちゃった」で済ましていてはダメなのです。マニュアルに焼け具合がカラーチャートで示されていて、どのレベルならお客様に出してよいかが、今日入ったばかりのスタッフにもひと目で分かるようになっていることが必要です。

多店舗展開についてもビジネスライクに仕組みが固められていて、日本にありがちなマルチっぽいいかがわしさなどが入り込む余地はまったくありません。まさにビジネスにフォーカスされた世界であり、この世界はアメリカ人たちが築き上げてきたものです。だから多店舗化する能力も、彼らのほうが長けているのです。そもそも日本のラーメン店などは、店を複数出したら味が落ちるからダメだなどといわれ続けていたので、多店舗化のためのマネジメントノウハウもありませんし、多店舗展開する際に必要不可欠なブランディングも考えられてはいません。

日本でマーケティングやブランディングがうまい企業といえば、やはり外資系のP&G（プロクター・アンド・ギャンブル）が知られています。同社は著名なマーケティングコンサルタントを何人も輩出しています。中でも知られているのが、業績不振に陥っていたUSJ（ユニバーサル・スタジオ・ジャパン）を独自の手法でV字回復に導いた森岡　毅氏（現・刀CEO）でしょう。

マネジメントとブランディングは、これから海外で戦っていこうとする企業にとっては、必須の力です。

トップ10入り実現への戦略

一次情報に頼って、私たちのアメリカ出店は実現しました。2024年の段階で、アメリカでの出店数は坂内8店舗、カッカレー1店舗にとどまっているのですが、それでも世界トップ10を目指しているなど、目標だけは大きな話にしています。

だからといって絵空事を話しているつもりは、まったくありません。なぜなら、私たちには世界の誰にも負けない強みがあるからです。その強みとは「日本の食のコンテンツ」です。

今後の展開について思い描いているイメージは「食のソニー・ミュージックエンタテインメントを目指す」といったところです。日本の食のコンテンツは、今のところ私たち日本人が押さえています。だから海外企業が、そのコンテンツを使いたいと思ったときには、うちを通せばいい、そんな仕組みを作りたいのです。

現時点で押さえているコンテンツは、とりあえず喜多方ラーメンのほかに、日本そば、ベトナム料理、アジア料理、スペインバル、カレーです。けれども日本にはほかに独自の食のコンテンツがいくらでもあります。例えば寿司なら、すでに世界中にファンがついていています。天ぷらもそうです。和菓子も海外で人気を集めています。そうしたコンテンツを持っているところと提携したいと思っています。

しかも日本の食のコンテンツの幅広さは、そんなレベルにはとどまりません。お好み焼きや焼き鳥も、海外の人には面白いと喜ばれるはずですし、あまり知られていないだけで、海外の人が喜ぶ日本の食は山ほどあります。ただそれをひっくるめてマネジメントできる企業はないし、その可能性に気づいている経営者もいないのです。

一方、中国や韓国はいうまでもなく、イギリスやスペインの企業までもが日本食の持つコンテンツ力に気づいています。だから一刻も早く動かなければなりません。

そんな私たちにとって少し追い風となっているのが、料理のレシピは特許を取れませんが、料理の盛り付けを含む仕上げなどのビジュアルなら商標登録できる動きが出てきたことです。実際にコカ・コーラは、あの独特の瓶の形状で商標登録を取りました。私たちも今、ラーメンの盛り付けで商標の取得に挑戦しているところです。

使える力はなんでも利用すればいい

森岡さんは、客足が伸び悩んでいたうどんチェーン「丸亀製麺」復活の立役者としても知られています。このような優れたコンサルタントの方々のノウハウと力は、使えるのであればどんどんどん使えばよいと考えています。世界展開を広げていく過程では、私たちもアメリカ人をはじめとする能力のある人たちをどんどん活用していく予定です。扱うコンテンツは日本食ないしは日本人により再定義された各国料理にこだわりますが、その実現を日本人純血主義で達成したいなどとはまったく考えていません。そんなこだわりを持っている限り、グローバルな企業になれるはずがないとも自覚しています。

多くの日本企業、特に外食関係の企業と、例えばP&Gの決定的な違いは、数値管理に象徴されています。P&Gでは売上予測と実績の差異が、プラスマイナス2%以内に

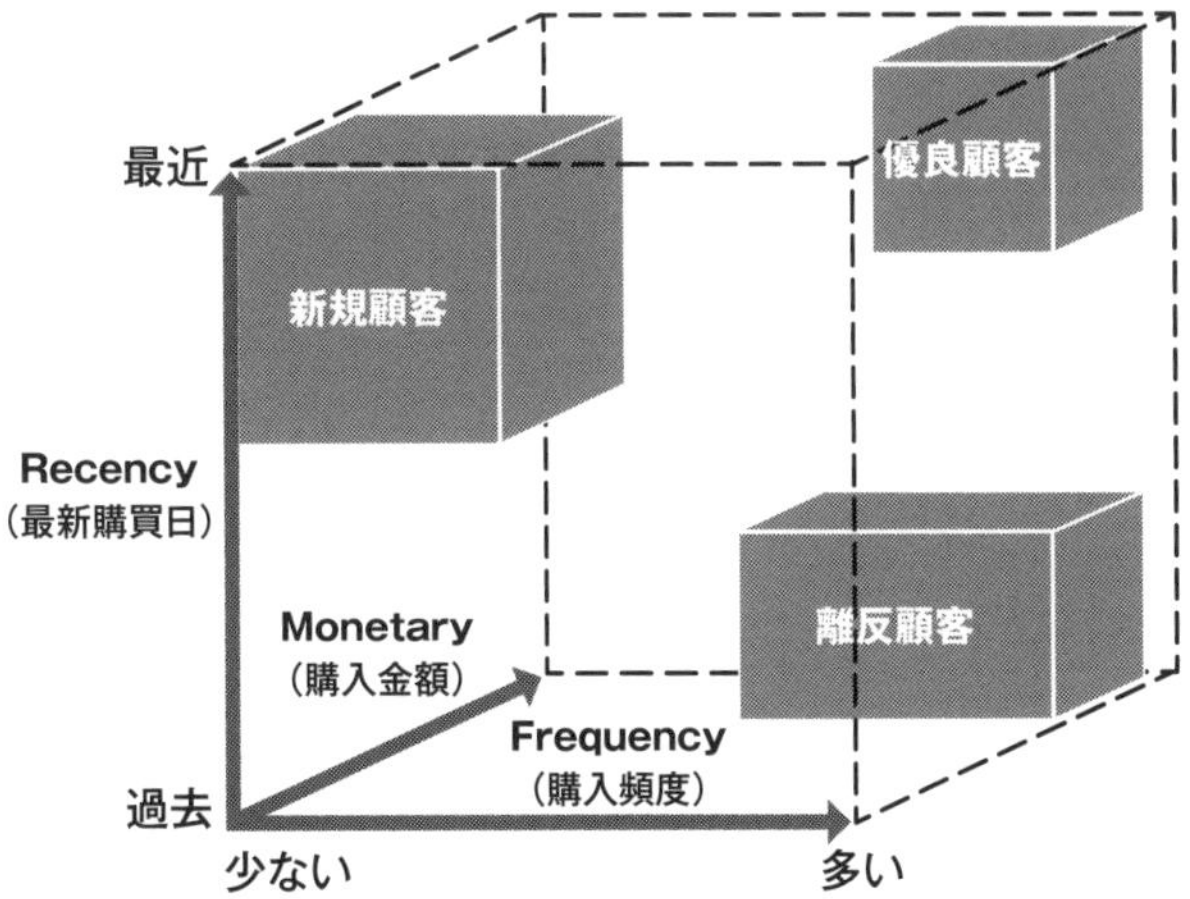

RFM 分析のモデル

収まると聞きました。それぐらい正確なデータに基づき計画を立て、その計画が極めてシビアに実行されている証しだと思います。

P&Gと比べるのは恥ずかしいのですが、私たちもデータに基づく展開を取り入れています。採用しているのはRFM分析、これは「最新購買日（Recency）」「購入頻度（Frequency）」「購入金額（Monetary）」の3つの指標でお客様をグループ分けする分析手法です。ただしラーメン店での購入金額については、お客様1人あたりのレンジにそれほどの違いはありません。デパートなら1人あたりの購入金額が1000円ぐらいから最高では数百万円までの幅があるので、数値を取って分析する意味もありますが、ラーメン店では1人あたりの違いは最高でも数百円に収まります。そのため会員を募り、その最新購買日と購入頻度のデータだけを採取しています。このデータに基づいて、週に1回のお客様に2回来てもらうためにどうすればよいのかなどと考えて、施策を打っていくわけです。

具体的にはメルマガに登録してもらい、餃子サービスなどのクーポンを配信しています。大切なのは単に来店を促進するだけでなく、クーポンの結果に関する丁寧な解析です。餃子クーポンで来てくれたのはどのような人なのか、きめ細かくデータ化して見ていきます。現時点で90万人ぐらいの登録会員の動向を分析し、いろいろな施策を打っては成果を確認しています。

このようなデータ分析は、おそらく今後のAIの進展により、さらに精度が上がっていくと期待しています。今は誰もがスマホを持っていて、スマホからは位置情報もつかめるようになっています。いずれはプライバシーには十分に配慮したうえで、行動と来店の関係性などを把握できるようになることも考えられます。おそらく、世界のトップクラスにいるファストフード関連の企業であれば、このレベルの顧客分析はすでにやっている可能性が高いと思います。

資金集めよりも、大切な人集め

ビジネスを展開していくためには、人・モノ・金・情報が必要だといわれますが、この4つの要素の中で今最もどうにかなるのは、おそらくお金です。資金を提供してくれる人は、私が入社した20年前と比べれば、ずいぶんと増えました。国内だけに限らず、国外でも資金をどんどん集められる環境になっています。

ところが人集めだけは、決して簡単ではありません。だから私はこれまで、人との縁を何よりも大切にしてきました。ちなみに今、経営陣に入りサポートしてくれているスタッフは、20年前、私がグローバルダイニングのモンスーンカフェで店長を務めていたときに、アルバイトで来てくれていた理科系の学生です。

自分の進みたい方向さえはっきりしていれば、助けてほしい人も芋づる式に浮かんできます。最終ゴールがクリアになっていればいるほど、自分の力で対応できない領域もはっきりと分かるからです。実際、今の社労士はモンスーンカフェ時代に知り合ったバイトスタッフです。彼は「将来、社労士になりたいんですよ」と言って専門学校に通っていたのですが、当時からこの人とはつながっていたいと思っていて、今に至っています。

会社の面倒を見てくれている弁護士は、銀行時代の同期です。彼も同時期に銀行を辞め、「弁護士を目指す」と言っていました。結果、今ではうちの顧問弁護士を務めてくれています。彼は、丸の内や霞が関を肩で風切って歩いているようなタイプではなく、いつもそばにいてくれて、非常に助かっています。完全に信頼できるスタッフがいるということは、何よりの宝物です。

今後必要なのは、完璧な左脳の右脳人材

データ管理の重要性が増してくると、逆説的かもしれませんが、右脳派がより必要な人材になるのではないかと考えています。最近では外食ＤＸなどといって、飲食店でもデジタル化が進められています。現時点でその先端を走っているのが、配膳ロボットを導入しているファミリーレストランです。けれども、これは私の考え方からすると、できれば避けたい機械化です。私は、飲食店の中でのさまざまな業務プロセスの中で、配膳だけは絶対に機械化したくないと思っています。なぜなら飲食業は感動体験を提供する感動産業だからです。

飲食業の価値とは、食事がおいしいのは当たり前の話で、何より大切にすべきは「人と人の接点」です。人と人が接するから、気持ちが動く。そのためには料理を客席まで持っていき、そこで配膳するのは人でなければなりません。

逆に、それ以外のプロセスは、可能な限り自動化すればよいのです。調理はもとより、下げ膳もロボットに任せればいい。極端な話、調理などは機械化して、店には明るくてはつらつとしたスタッフが、来店受付と配膳、そしてレジ作業でお客様と接してくれればそれでいいとすら思います。人に訴えかけるとは、人の感性へのアピールを意味します。だから配膳は人がやるべきであり、経営判断についてもデータに基づきながらも、最終的には感覚も大切ではないかと思います。先にも述べたSTEAMの考え方です。

このような店を実現するために、本部で統括している人たちは、徹底的に左脳で戦っていきます。現状は左脳の部分では外資系の飲食に負けているので、そこも外部から人を引っ張ってくればよいと考えています。ただ、最後には感性が決め手となることも忘れてはいけません。要はロジカルに突き詰めたうえで、最後の決断は感性に任せる。だから毎日完全にレシピどおりの食事を提供していては、良くない可能性もあるのです。なぜなら気温も湿度も、お客様の感覚も、一日として完全に同じとはならないからです。

その意味では求めるべき究極の人材とは、完璧な左脳でありながら、右脳の要素を併せ持つ人ともいえるのかもしれません。もし自分はそんなタイプではないかと思う人がいれば、あなたこそこれからの日本の飲食業界で求められる人材です。ぜひ、飲食業に飛び込んでください。

人材をどうやって見極めるか

将来、どのような能力や技術、資格を持つ人が必要になるかは、自分で未来予想図を描けば、ある程度見えてきます。ただし、実際に出会った相手を信頼できるのかどうかは、簡単には分かりません。

そもそも私が社長をやりたいと考え始めたのは、中学生になった頃です。誰かに雇われる人生は自分に合わないし、自分で決めるのではなく人によって決められた仕事をしていて負けたりするのは、絶対に嫌だと思っていました。

大学に入ったときは工学部でした。工学を選んだのは、土に還るビニールを発明して、特許を取れば起業できると考えていたからです。そのために大学1年生から2年生にかけては、猛烈に勉強しました。ところが今でこそ大学からのベンチャー起業は普通にできますが、30年前にはそんな発想を受け入れてくれる先生などいませんでした。これでは理系に残ってもダメだと諦めて、文系に転部したのです。そこから先の話は、すでに書いたとおりですが、銀行に入ったときから人脈を広げようとはずっと意識していました。

まだ二十歳《はたち》そこそこですから、人を十分に見極める力などあるはずもない。だから自分なりの基準を一つ決めました。それは「この人は、自分とまったく合わない」と感じる人でなければ、とりあえずつないでおくというものです。

といえば、よほど人付き合いの良い人でなければ、そんなつながり方はできないのでは、と思われるかもしれません。けれども、おそらくそれは逆です。実は私は、少なくとも小学校から中学校にかけてはチームワークを大の苦手としていました。学校のクラブ活動ではなく、地元の剣道道場に一人で通っていたのも、剣道は個人競技だったからです。

小学校の高学年になって、ふとまわりを見渡したときに、自分が孤立しているのに気づきました。勉強はそこそこできたので、児童会長なども先生にいわれてやっていました。けれども、まわりに友だちがいない。おぼろげながらも将来は、自分でビジネスをやっていくのだと考えていたので、人がついてきてくれないようではダメだと思っていました。

そのとき気づいたのが、自分はまわりの人からどう見られているのだろうという、それまで考えもしなかった視点です。なぜ、自分はまわりから浮いているのか。まわりは自分をどう見ているのか。いわゆる自分の客観視ですが、こんな芸当ができる中学生などまずいない。だからこそ、できれば自分の武器になるとは思いました。

のちに知ったのですが、自分を客観視するのは決して簡単な芸当ではありません。自分の客観視とは、能の世阿弥が『風姿花伝』で説いた「離見の見」です。能の舞台を前提として、観客から見える演者の姿が離見、演者が見る観客の反応が我見です。離見の見とは、演者が舞台の上部空間に浮揚し、そこから見る視点です。つまり演者が自らを離れた客観的な視点から、演じている自分と観客の反応を客観的に確かめながら演じていくのです。

剣道においても、対面している相手と自分の動きを、俯瞰的に見ればどのように戦えばよいかが分かります。もちろんそれができれば誰に対しても負けることはなくなりますが、相当に鍛錬を積んだとしても到達の難しいレベルです。だからこそ、自分の客観視を常に意識しなければならないと考えたのです。

「この人は！」と思った人とはつながっておく

この人とはつながっておきたい。そう考える相手との出会いは、今でも毎日のようにあります。自分自身を振り返ってみて、若い頃から続けているのが「とにかくなんらかのコンタクトを取る」でした。20代の頃から「この人は」と思う相手には、積極的に会いに行きました。そしてわずかな時間でも対面して話してもらえたら、必ずその日のうちにお礼のメールを送ります。それより前に面談を約束してもらえたなら、面談の前日には必ず確認のメールを送っておきます。このひと手間によって、相手の受ける印象が変わってきます。

ＬＩＮＥのメッセージに慣れている人たちにすれば、もしかすると改めてメールなどといえば、若干心理的なハードルが上がるのかもしれません。しかし、重要なのは手段そのものではなく、相手にしっかりと届く方法を選ぶことです。その時代や状況に応じて最適なツールを使えばよいのです。例えば、手紙が相手の心に響くのであれば、それを選ぶのも効果的ですし、ＳＮＳのメッセージが迅速で適切なら、それを使えば十分です。大切なのは、どの手段であっても、誠意を込めてコツコツと連絡を取り続けることです。

このように人との接点の大切さを強調する理由は、少なくとも自分たちが関わっている飲食業は、感情労働で成り立つと考えているからです。私たちの仕事は、お客様の感情への働きかけで成り立っています。だから、日々の人とのつながりでも、常に心の動きを感じとれるように心がけているのです。

良い御縁があったときには、この人とは必ず切れないよう心がけておこうと、いつも自分に言い聞かせています。例えば、ヨーロッパ事業の立ち上げを任せる人材を見つけて社長に迎えましたが、ほかにも人はいくらでも必要です。実際にスペインなどで会社を立ち上げるときには、ぜひ社長になってもらいたいという意中の人が、すでに何人かいます。

社長候補としてどんな人を対象と考えているのかといえば、サラリーマン意識のない人です。もしも、候補の中の誰かにスペインの社長を任せたとします。その人が出張先から日本に戻るときには、飛行機を使います。そのときに、ビジネスクラスを使うか、それともエコノミークラスに抑えるのかは、サラリーマン意識にとらわれていない人なら、自分で判断します。社長を任せるとは、PL（Profit and Loss Statement＝損益計算書）とBS（Balance Sheet＝貸借対照表）を、自分で見て決めてくださいという意味です。それらを見て会社の状況を把握できていれば、経費はどれぐらい出せるかも計算できるはずです。ところがサラリーマン意識にとらわれている人は、上の人に判断を仰ぎます。でもそれでは経営トップを任せられないのです。

少し話を広げると、大学を出て就職活動をするときにも、ある程度その人の本質が出るのかもしれません。「この会社なら潰れないだろう」などの理由で就職先を選んでいる人は、私にとっては魅力的には映りません。仮に就職先の人気ランキングが第1位の企業を選んだとしても、選択理由がランキングが良いからではなく、そこにやりたい仕事があるから、であれば何も問題はありません。とりあえずエントリーシートだけ送っておこうといった行動を取っている人は、少なくとも私の会社には縁がないと思います。

まとめるなら、自分の頭で考えた結果として、自分の考え方なり意見をはっきりと持っている人、そんな人がこれから活躍できる人です。いわゆる学校の成績が良いかどうかは、ほとんど関係ありません。だから学歴ではなく、何をどう考えたのかが大切であり、さらには考えてどのような行動を取ってきたのかが、これからは問われるのだと思います。

少なくとも、私が次の世代のリーダー役を任せたいと考える人は、自分で考えて判断を下して、行動にまで落とし込める人です。

では、そんな人をどうやって見つけることができるのかというと、これはと思った人からは、できる限りエピソードを聞かせてもらうように心がけています。少なくとも20

代半ば以降の人であれば、それまでの人生でなんらかの決断を下してきたはずです。

右に行くのか、それとも左に進むべきなのか、あるいは今はとどまる、もしかするとあえて引き下がるべきタイミングもあると思います。いずれにしても、そんなときに、何をどう考えて、どのように決断したのかが重要です。

自分で決めて行動したのであれば、結果はあまり問題ではないと思います。うまくいったのならそれでいいし、失敗したとしても考えた結果の失敗であれば、必ずそこから学べます。自分で決めた人なら、必ず学ぼうとするはずです。

経営人材を見極める

私は多様な人付き合いの中から「この人は！」と思える人に経営層に入ってもらってきました。改めて振り返ってみるとみんな「自分で責任を取って、自分で決めようとする」人です。ここがポイントなのですが「間違わない人」を求めてきたわけではありません。人間である限り、必ず間違いはあります。こればかりは仕方ありません。問題は、間違いを犯したくないばかりに、自分で決めようとしないことにあります。間違ったときに責任を取りたくない、だから決めたくない、あるいは決めようとしない、そんな人はマネジメントには向いていないし、本人も決断を求められないポジションにいるほうが、まわりも含めてみんな幸せです。

もちろん、私自身も間違いを犯す場合があります。これまでで最大の間違いは、会社の理念に合わない人を採用したことです。これに対しては、たいへん申し訳ないのですが時間をかけて「ごめんなさい」をしていくしかありません。

採用から一連のマネジメントに至るプロセスは、海外で人をとる場合も基本的には同じです。国内でも喜多方ラーメン発祥の地である会津の人たちと、沖縄の人たちでは違いがあります。国内と国外といっても、しょせんその程度のささいな違いに過ぎません。

ただし海外で気をつけるべきは、法律と習慣の違いです。非常に興味深かったのは、アメリカでの退職の迫り方です。

私たちのアメリカの現地法人で採用しているのが、イエローカード&レッドカード方式です。つまりルールを決めておいて、これに違反するとイエローカードを1枚渡します。違反を重ねてイエローカードが3枚溜まったらレッドカードとなり、有無をいわせず退場です。これは社内規定として定められているため、退場といわれるほうも、仕方ないとすんなり諦めてくれます。ただし、何をしたらイエローカードになるのかは、明文化して示さなければいけません。書かれたルールにのっとっているから、相手も納得してくれます。これが店長のさじ加減一つで、などとやっていると現場は大混乱になります。

しかし、日本でこのやり方を、そのまま採用するのは難しいです。転職に対しての考え方が、日米ではまったく違うからです。アメリカでは転職するのが当たり前ですが、日本ではまだ会社にぶら下がる意識が強い傾向にあります。特に年齢の高い層ほど、転職に対する恐怖感のようなものを持っている人が多いです。

逆に若い世代では、転職を当たり前と考える人が増えているとニュースなどで報道されています。私もキャリアアップのためには、どんどん転職すべきだと思います。そんな経験を持っている人が経営者にならないと、海外での事業展開をスムーズに進めるのは難しいと思います。

「外食は感情労働」の意味

次の経営陣や海外で経営を任せる人材を選ぶ際の基準は、能力本位です。一点だけ忘れてはならないのが、飲食業は感情労働だという原点です。これがホスピタリティマインドのカギです。難しい話をしているわけではなく、要は人の気持ちを理解できるかどうかが大切だという、それだけの話です。

人の気持ちを理解できなくて、数字だけで何ごとも判断しようとする人が上に立つと、その店は間違いなく崩壊します。そもそも飲食店で働こうと思う人は、自分の心が動く瞬間の喜びに惹かれているはずです。

その象徴がマクドナルドだと思います。マクドナルドのオペレーションは、徹底的に効率化が進められています。受発注システムはもとより、キッチンも機械化が進められていますけれども、注文が完了すると店内で食べる場合は番号札をお客様に渡しています。これには意味があるのです。

番号札を立てている席に、スタッフができあがったハンバーガーやポテトを必ず、自分の足で運びます。もちろんホスピタリティマインドをお客様に伝える意味もあるでしょうが、何より大きいのはスタッフのモチベーション維持だと、私は受け止めています。席まで運んでいけば、ひと言「ありがとう」と声をかけてもらえる可能性が高いからです。この一言がうれしく、スタッフはやる気になるのです。

マクドナルドぐらいの企業であれば、やろうと思えば客席まで自動で届けるシステムなど、簡単に導入できるはずです。それこそファミレスのような配膳ロボットを使う手もあるのにもかかわらず、それはあえてやろうとはしていません。

お客様との接点、つまり人と人がつながる気持ちを感じられる状況がないと、スタッフも続かないのです。お客様も、出来立てのおいしいものを人が届けてくれるから、心地よく食事を楽しめます。これが感情労働の意味です。そして、今のところいくらＡＩ

が進化しても、人の代わりを務められません。

誰から、どんな情報を引き出すのか

自分を客観視する、人を通じて情報を得るなどといえば、いわゆるZ世代の人たちを中心とした、今の30代以下の人にはイメージしづらい話かもしれません。いまや情報といえば、まずネットに頼れば、なんでも即座に得られる時代です。しかもネット情報も単なる「ググる」の時代から、生成ＡＩをフル活用して得る時代に突入しつつあります。情報を手に入れるのは、どんどん簡単になっていきます。

だから、今さら生身の人から情報を得るなどというと「こいつ、遅れてんな」とか「やっぱ年寄りだな」などと思われるかもしれません。けれども、ネット情報だけに頼りきっていると、エコーチェンバーやフィルターバブルによる強烈なバイアスに、知らず知らずのうちに絡め取られてしまいます。もしかすると今の若い世代の人たちは、そんなリスクは百も承知していて、自分のバイアスをいつも意識している人も多いのかもしれません。ちなみに生成ＡＩに「教えてくれる情報に、なんらかのバイアスはかかっていますか」と尋ねたところ「はい、生成ＡＩが提供する情報にはバイアスがかかることがあります」と答えてくれました。なかなか正直です。

ともかく自分のバイアスを自覚できていたとしても、ネット情報だけに頼るのはリスクがあります。まして、そんな情報に基づいて重要な経営判断を下すなど、私には恐ろしくてできません。だから、何度もいうようにいつも自分で現地に出向いて、自分の目で見るやり方を徹底してきたのです。

ところが「これからアメリカでの起業を考えています」と話す外食事業の起業者たち、特に若い世代の人たちは考え方が違います。その多くがネット情報で十分だから、自分たちはそれなりのネット情報の扱い方を知っているからなどといって、一次情報を取りに行こうとしないのです。その結果、うまくいっていないケースを多く見かけます。

もちろんネット情報を否定するつもりなどまったくありません。今ではアメリカの片田舎の情報なども、日本人のブログやＳＮＳの投稿で教えてもらえる時代です。そうした一昔前なら決して入手できなかった情報に、価値があるのは間違いない。だからこそ、より有効に活用するために、最後は自分の目に頼ったほうがいいと思います。

自分の目に自信がないのであれば、この人ならたしかだと思える人に頼るのも一案です。私も「なんとか、この人に教えを請いたい」と思う相手がいれば、よく待ち伏せして捕まえました。これもネットだけでなく、実際に相手と対面することが重要です。

なぜなら「顔の見えない情報は、裏取りをできない」からです。誰が書いたのかが分からない情報、つまりネットにあふれかえっている情報を使うときには、その真偽に対して慎重に吟味する必要があるのです。

プロデューサーになれば可能性は飛躍的に広がる

「ラーメンビジネスを続けながらも、同時に日本食コンテンツのプロデューサーとしての飛躍を目指す」。これが現時点での私のビジョンであり、外食産業の世界トップ10入りするための戦略です。これまでに誰もやっていません。ただ、飲食とは別の業界には参考になる事例はあります。それは音楽業界です。音楽業界ではいくら優れた才能を持つアーティストがいたとしても、その人の力だけでは世界的なミュージシャンにはなれません。プロデューサーがいて、マネジメントがあって、さらに多職種が連携して動きます。それにより結果として日本から世界へとデビューできるのです。

料理の世界もまったく同じで、優れた料理人がいたなら、その人をうまくプロデュースしてくれる人がいれば、世界に飛び出していけます。このように日本食をコンテンツとしてプロデュース展開している企業は、私の知る限り1社もありません。なぜかというと、料理というものをコンテンツとして扱うのが難しいからです。コンテンツが工業製品であれば、製造工程の条件を一定に調整すれば、必ず同じ製品を再生産できます。ところが、人が関わって創り出すものは、そう簡単にはいかないのです。料理をお客様の前で作って出す行為は、音楽ならライブ・コンサートに相当します。料理人はアーティストほど気難しくないとしても、人である限りは波があります。それをいかに調整していくかがプロデューサーとしての手腕となるわけです。

こういう思いで日本の外食企業にも声がけをし、仲間を増やす取り組みを続けています。早くやらないと、韓国など、他国に先を越されてしまいかねません。音楽業界がその良い例で、いつの間にかK-POPアイドルが世界を席巻しています。日本のアーティストがアメリカで人気を集めた時代もあったのに、思いきりが足りなかったのか、プロデュースに優れた人がいなかったのか、とてももったいない話です。

私もスピード感をもって動かなければなりませんし、この展開を一緒に作ってくれる若い人にも出てきてほしいです。可能性は間違いなくあります。ぜひ期待したいです。

人材確保も世界に目を向ける

人材は日本人だけに限るつもりはありません。むしろ世界から集めるべきだと考えています。2019年にはネパールのミッドバレー・インターナショナルカレッジと提携し、マネジャー候補として就労してくれる人材を育成するプログラムをフォースバレー・コンシェルジュと立ち上げました。同カレッジは旅行や観光分野を専門に学ぶホスピタリティ系の大学で、プログラムに参加する学生が2年生から3年生に進級する段階で私たちが面接し、選抜に通った学生は卒業時に入社してもらいます。大学では日本語も学ぶので、即戦力です。その第1号となる卒業生8人が、2023年4月に入社してくれました。彼らにはマネジメント適性があると感じています。

私が入社した2年後の2007年から外国人の採用を始めています。第1号はバングラデシュ人で、今では店長を務めているほか、外国人社員の面倒も見てくれています。実は彼もモンスーンカフェ時代にキッチンで働いていたスタッフです。

日本はアジアの一員です。日本食コンテンツをうまく世界展開できるようになれば、その先ではアジア食コンテンツも展開できます。ネパールには何度も足を運んでおり、カトマンズにはおいしいカレー店がたくさんあることを知っています。これを日本人の感性で再定義をしてニューヨークに持っていけば、きっと受けると思います。

アジアには屋台文化があり、いわゆるB級グルメの宝庫です。これらをうまくプロデュースすれば、おそらく世界で勝負できます。

ミッドバレー・インターナショナルカレッジにはホスピタリティ・マネジメント部があります。コーネル大学の大学院と比べるのは酷ですが、それでも専門学校しかない日本と比べれば、プロが育つ環境を整えました。今後、私は東京に「おもてなし」全般を学べる講座を大学と協力して設置したいと思っています。

多様性を大切にしたい

人材を集めるときには私自身、いつも多様性を意識しています。この会社は入社時、いわゆる「JTC（Japanese Traditional Company・伝統的な日本企業）」でした。これはある意味、仕方のない話です。恥を忍んで明かせば、思いっきり男尊女卑の雰囲気に満ちていたし、外国の人に働いてもらおうなどとはほとんど考えられていませんでした。

そういう意味ではここに来る前、私が店長をしていたカフェでは、すでにさまざまな国籍の人々が働いていました。お台場店では従業員集めに苦労し、結果的にはアルバイトたちはほとんどがアジア系の外国人でした。

　普通の日本の職場では、多様性を常に意識していないと偏りができてしまいます。特にシニア層がまだ幅を利かせている企業の場合、彼らは多様性にまったく慣れていません。実際、初めてバングラデシュ人を採用したときも、マネジメント層は「本当に雇って大丈夫なのか」と、ある種の外国人アレルギーみたいなものにとらわれていました。

　しかし、いざ仕事をさせてみれば、並みの日本人アルバイトよりはるかに優秀です。彼ら彼女らは自然にみんなからの信頼を勝ち取ってくれました。中にはイスラム教徒で豚肉が食べられなくても、坂内の代名詞であるチャーシューを色や感触を見ておいしく作ることができる人もいます。このようにいい前例ができると「外国の人でもいい人はいるんだ」とまわりの受け止め方が変わっていきます。こうしてコツコツと積み上げていった結果、外国人正社員が約4割、50人体制にまでなりました。彼らの半数以上が、英語を話せます。グローバル展開が本格的に進むのはこれからですが、社内のグローバル化は進んでいます。

アメリカから世界へ飛び出す

坂内の事業における海外展開については、現時点ですでにアメリカでの第8号店を出店しています。アメリカではラーメンの単価が、日本の3倍です。7店舗のときでも、日本店を基準に計算すれば20店舗分ぐらいの売上を稼いでくれていました。こうしてアメリカのマーケットに打ち込んだ穴を少しずつ広げていますが、次に穴を開けるマーケットとしてヨーロッパを選びました。

ヨーロッパではすでに、寿司やうどんなど日本食コンテンツを使って多店舗化に成功している現地企業が出てきています。こちらも急ぐ必要があるため、少々無理をしてでもアメリカと同時進行での展開に乗り出しました。まず考えているマーケットが、ドイツです。ドイツはヨーロッパの中心ともいえる国であり、ここに穴を開けさえすればフランス、イギリス、イタリアなどへの展開はそれほど難しくないと思います。

ヨーロッパでの出店までの許認可など参入障壁の高さは、アメリカ以上です。そのハードルを乗り越えるノウハウを持っている私たちは、競争優位なポジションに立てるはずです。ラーメン以外の日本食コンテンツを持っていて、ヨーロッパ進出を考えている事業者があれば、私たちがサポートに回る形での展開も視野に入れています。

ヨーロッパ展開を任せる人材は、すでに確保しています。彼は日本の総合商社のロンドン駐在員でしたが、帰国して本社でスケールの小さな仕事をしたくないと悩んでいました。たまたま経営陣にいるスタッフも同じ総合商社の出身である縁を使い、さらには彼の両親が加盟店のオーナーだったという強力な縁にも恵まれました。

世界展開を考えるうえでも、ネパールやベトナムなどアジア各国の人材には期待しています。英語という強みもあります。将来、世界でのビジネス展開を考えているのなら、やはり英語は身につけておくべきだと思います。

4章

日本食GLOBALIZATION——。
若者たちが世界に飛び出すことで、
日本食の価値はさらに上がる

10年後に対する危機感

世界に目を向けている背景には、日本食コンテンツに対する危機感もあります。10年後も日本食コンテンツが今のポジション、すなわち世界の人から求められるような希少価値を保ち続けていられるかといえば、難しいと考えています。日本以外の国がビジネス展開を進めるからです。だから勝負は、これからの5年、10年にかかっています。10年後といえば、私は62歳になっています。それまでには世代交代もしなければなりません。自分自身が老害を最も強く意識しています。

後進についても、これまでの日本企業の概念を崩したいと考えています。日本企業はこれまで海外に進出しても、経営トップ層は日本人メインで考える傾向がありました。当社では、トップを日本人にこだわる必要などないと考えています。

ある意味シビアかもしれません。情実人事などは一切ありません。判断するための基準はあくまでもＢＳとＰＬ、成績が悪ければ替わってもらいます。ただし、一度ダメだったからといってそれで終わりにしたりはせず、敗者復活のチャンスは必ず残しておきます。

日本の大企業を見ていると、社長交代でつまずくケースが多いようです。特に一代で大企業を育て上げた経営者は、もしかすると自分を超える人材はなかなかいない、と考えているのかもしれません。たしかにそんな偉大な経営者も多く存在します。

その点、私は違います。そもそも自分が後継者を育てるなど、おこがましいとすら思っています。自分は決してユニクロの柳井 正社長や、社名を変えてニデックになった旧・日本電産の永守重信代表取締役グローバルグループ代表（取締役会議長）などと比べるべくもない人間に過ぎません。だから、私は公平に競争できる環境を整えておき、あとは結果を出せている人が上に行くルールを守れる仕組みを固めておけばいい、それが私の役目だと思っています。

大切なのは、いさぎよく交代できる仕組みです。実は、入社した当初は、ファミリービジネスも良いのではないか、などとも考えていました。ところが、自分が社長になってから10年も経ってくると、ファミリービジネスの弊害がいやでも目に入ってくるようになったのです。

海外で成功するコツ「魂を入れて、日本を再現する」

２０２４年10月には、「吉野家、欧州に初進出　エディンバラでラーメン店オープン」という見出しの記事がニュースサイトで配信されました。スコットランド・エディンバラにラーメン業態の１号店をオープンしたというものです。同社はラーメン事業を次の柱と位置づけているということで、２０２２～24年度の３年間で事業の基盤づくりを進めているといいます（ITmedia ビジネス ON LINE）。

ラーメン関連のプレイヤーはこれからも、間違いなく増えていくと思います。その有望性に気づいているのは、私たちだけではないからです。日本とは食材が異なり、水も違っていて、働いてくれる人たちの考え方も違います。そのような条件で、日本と同じものを再現するのは、そう簡単ではありません。同じ日本の飲食企業として、ぜひうまくいってほしいと祈っています。ちなみに記事によれば、客単価を1500円程度に設定しているようで、これは実に正しい戦略だと思います。欧米市場に限っては、安売り戦略を取るべきではありません。なぜなら欧米では客単価によって、客層がはっきりと分かれるからです。

少なくとも日本食コンテンツを欧米で出す場合に、低所得層の人たちを狙うべきではないと思います。それでは日本食本来の価値を分かってくれる人にきちんと伝えきれません。私もそれなりの価格設定をする代わりに、しっかりと魂を入れて日本の味やサービス、店の雰囲気まで、再現していきたいと思います。

また、店舗でお客様と接するスタッフには、英語力が欠かせません。これにはアジア諸国が人材の宝庫になります。日本に来てくれているアジア系の人たちの多くは、日本語よりも英語のほうがうまいのです。彼らには日本で私たちの魂をしっかり学んで、いずれ世界で活躍してもらいたいと考えています。まわりのスタッフには決して彼らを低賃金で雇えるただの労働力だなどと誤解せず、私たちとともに働いてくれる大切な仲間だと考えるよう徹底して伝えています。たしかに日本語については、まだたどたどしいかもしれませんが、わざわざ日本まで来ている人の多くは、母国で優秀です。さらに仕事に懸ける思いは、日本人よりも強いものを感じます。

そんな人たちに、ぜひもっと大きな夢を見させてあげたいのです。あまり知られていませんが、実は日本に来ているアジア系の人たちの中には、母国での実家が資産家というケースもあります。彼らが帰国したとき「店舗を展開したい」と言ってくれれば、私としては願ったり叶ったりというありがたい話になります。

仲間を集めよう

事業展開で世界に飛び出すためには、人が必要です。では、どうやって求めている人を集めるのかといえば、基本的には「この指とまれ」で集めていくしかないと思っています。

世界展開のビジョン、なぜ今それを急いでやらなければならないのか――。私の危機感に基づく話を、事あるごとにさまざまな人に伝えています。本書を書いているのも、その危機感を伝えるためです。こうして一人でも多くの人に、自分の思いを伝えたら、あとは分かってくれる人が来るのを待つしかない。そのうえで来てくれた人には、まずシンプルに任せるのです。

もちろん、人によりさまざまな弱点を持っているでしょうから、アドバイスが必要だと思えば、助言ぐらいはするかもしれません。けれども、それも最低限に抑えておきます。最初からあれこれいったりせず、とにかく任せます。

私たちが今の時点で一つ有利なのは、強力な武器を持っている点にあります。武器とはすなわち日本食コンテンツです。今ならまだ、この武器は世界で通じます。だから来てほしいのは、リーダーシップを取って世界に飛び出していってくれる人材です。

一歩戦いの場に出てしまえば、そこから先は任せるしかありません。そこで、リーダーとしてどれだけの仲間を集められるか、自分に共感して動いてくれる人を集めるのも、リーダーに求められる資質です。武器として今のところラーメンがあり、そばがあり、アジア料理、スペイン料理もあります。自分がやりたいと思えば、天ぷらでも、お好み焼きでも、和菓子でもいいのです。選んだコンテンツを武器に「ロンドンで戦ってみたいです」と申し出てくれれば「よし！　任せた！」と背中を押してあげる。それが私の役目です。

立ち上げ当初の資金は、なんとか工面して提供し、そこから先は一切を任せます。自分で考えて自分で動けば、必ずなんらかの結果を出すことができます。うまくいけばそれでいいし、どこかでつまずいたらその理由を考えて直せばいいと思います。

そんな仲間を早く集めたいのです。なぜなら、もう10年も経たないうちに、私は60歳になるからです。できれば、それまでに私は退くべきだと自覚しています。私のあとは、世界各地で頑張ってくれている各地のトップの中で、最も勢いのある人が継いでくれればいいと考えています。

この指とまれで、私の考え方を理解して集まってくれた人、それから海外に出て自分なりに考えて動き、独自の経験を積んで事業を広げてくれた人であれば誰に任せてもいいとさえ思っています。

中期計画は作っていて、今は5カ年計画を動かしている最中です。けれども、例えばロンドンでお好み焼き店をやりたいと手を挙げてくれる人がいたら、ロンドンの中期計画はその人が作ればいいのです。この指とまれでやるからには、とまってくれた人に対して「自由な展開」で報いる必要があると思っています。

ただ日本の若い人たちが、決して一様ではなくなってきたことも感じます。中には危機意識を強く持っている人たちもいます。

麺食では、カバン持ちという会社が提供している「社長のカバン持ち」というインターンシッププログラムを行っています。学生が経営者に数日間密着して、仕事に対する考え方や経営手法などを間近で学ぶというものです。このプログラムを通じて、私は何人もの学生と付き合ってきました。もちろん、このようなプログラムに参加するという時点でスクリーニングされているのですが、彼らの意識はとても高いのです。将来を考えると、日本だけに閉じこもっていてはやっていけないのではないかと、そんな危機感を覚えます。

まわりと同じようにやっていてはダメなんだ――。そんな意識を持つ若い人たちが増えつつある現状には、少し期待できると思っています。

社長のカバン持ちに参加した学生たちを見ていると、彼らの焦りも感じます。「これでいいのか」「こんなスローな動きをしていたらダメなんじゃないか」と現状に対する危機感を持っている若者が来てくれます。

彼らはおそらくイノベータータイプだから、同年代の人たちの中では圧倒的に少数派なのでしょう。もしかすると、まわりから認められないどころか、変なやつと思われているかもしれません。けれどもそんなイノベーターたちがイノベーションを起こすから、社会は進展していくのです。

そして世界を見ていると、今の日本には圧倒的にスピード感が欠けています。中国に行くと、日本のコンビニチェーンがすでにたくさん出店しています。ところが関係者に話を聞いてみると、店は多いけれどそんなに儲かっていないと言います。そこで、うちで働いている中国出身の社員に「どうしたらいいと思う?」と尋ねると、即答されました。

「社長を中国人に替えればいいのです」と。

その理由は、日本人社長の決定の遅さでした。中国人のトップなら即決するのに、日本人トップは時間をかけ過ぎで、しかもトップが自分で決断するのではなく、まわりの意見を聞いて回って、挙句の果てに本社に決裁を仰いだりしている、というのが彼の意見でした。

コンテンツの問題ではないのです。即断即決で動き、動きながら常に修正をかけていく。このようなスピード感あるマネジメントをやらない限り、世界での競争には勝てません。その意味でも、経営トップには若々しい感覚が必要だと自戒しています。

自分バイアスの外し方「自分に矢印を向ける」

日本の若い人は、などと先に述べましたが、このような表現自体が一種のバイアスです。バイアスにとらわれてはいけないと書いていていながら、私自身もバイアスにとらわれています。それほどバイアスは厄介なものです。けれども、日本人特有の妙なバイアスから抜け出せなければ、海外でビジネス展開したときに、そこが穴となりかねません。

だからまず「自分にも必ずなんらかのバイアスがある」と常に意識しておく必要があります。こうした自覚なしでいると、つい自己肯定感が高くなり過ぎて、人と素直な対話をできなくなります。だからといって自己否定しろという意味ではありません。

大切なのは「自分に矢印を向けて」考え続ける姿勢です。誰かに何かを話すときには、その内容について「自分はどうなってる?」と問い続けるのです。

例えば店長がスタッフに「遅刻すんなよ」と言うのは簡単だけれど、そんなときも「自分はどうだ? これまで遅刻したことはなかったか?」と、一言自分に問いかけるのです。それでもし遅刻経験があるなら、なぜ遅刻したのかを振り返るはずです。するとスタッフが遅刻したときにも、何か理由があったのではないかと思いやれます。

誰もが自分の主張や欲求を通したいと思っているはずです。だからといって相手の話を聞かずに、我を無理やり通していては組織は成り立ちません。特にポジションが上の人ほど、部分最適ではなく全体最適を意識する必要があります。

彼我の違いを認めたうえで、望ましい方向はどちらなのかと考えながら、相手とコンセンサスを作っていくといった姿勢が、特に海外の人と一緒に仕事をするときには必須だと思います。

それでなくとも今はフィルターバブルやエコーチェンバーなどにより、無意識のうちに自分のバイアスが強化されかねない時代です。だから自己バイアスには、ぜひ注意してほしいと思います。

自己バイアスを脱するためにおすすめしたい方法が「好き嫌いをいわず、ともかく人と会う」です。その際には必ずリアル、対面が条件です。しつこいけれども一次情報に勝る情報はありません。

実際に対面で会ってみて「合わないな」と思ったら、それ以降に無理に付き合う必要はありません。ただし、その場合でも「どこが合わないのだろう」と考えて、自分なりに納得すべきです。

たとえ合わない人でも、自分にはない強みや能力を備えている人もいます。私は、そういう人も「つながっておくべきリスト」に入れています。せっかく対面したのだから、つまり何より大切な自分の時間を使ったのだから、何かを得ておきたいと考えます。もしかすると、これが人付き合いの極意なのかもしれません。

海外スタッフとの接し方で注意すべき宗教観

世界でビジネスを展開する際に、日本と海外の人の大きな違いとして注意しておくべきポイントが宗教観です。日本人のすべてがといえば言い過ぎになりますが、多くは無宗教です。ところが海外では宗教を信じている人が多数派です。自分が無宗教だからといって、宗教を否定したりネガティブなコメントを出したりするのは避けなければなりません。

コーランにしても聖書にしても、あるいは仏典などでも、もととなる教えそのものはいずれも崇高な理念に基づいたものです。ただ信心する気持ちの強さゆえに、異なる宗教の人とは相容れない部分が出てくるのです。けれども少なくとも仕事をするうえで宗教が問題になるようなケースは、ほとんどありません。

私たちの店では、チャーシューが目玉商品の一つですが、イスラム教徒のスタッフも在籍しており、彼らは調理や提供の業務においては仕事と割り切って担当していますが、信仰上の戒律により、もちろんチャーシューを食べることはありません。

基本になるのはあくまでも人と人としての信頼関係です。信頼関係の大切さは、日本だけでなくアメリカで展開している店でも同じですし、スタッフがどこの国の出身でも変わりません。

アメリカの店で、スタッフの女性を泣かせてしまった経験があります。店を閉めて片付けも終わったあとで、唐揚げを作り過ぎて余っているのに気づきました。だから処分するのはもったいないと思い、彼女に「持って帰っていいよ」と言ったら、いきなり泣き出されてしまいました。あわてて「どうした?」と尋ねると「アメリカに来ていて、こんなに優しい言葉をかけてもらったのは初めてだから。私は祖国から亡命して来ていて、いろいろ不遇な目に遭ってきて、だから人に優しくされると思わずうれしくなって」などと話してくれました。

どこの国の人だからという話ではなく、人と人の関わりは、どこでも同じだと強く感じました。目の前の相手がどう考えているか、何を感じているかといつも考えること。相手から自分はどう見えているのかと注意を払うこと。その相手に対して、自分はどう考えているのか、どんなバイアスが働いているのかと意識すること。そんな姿勢を忘れてはいけないと思います。

つまるところ、人の成長が企業としての成長に直結しているのです。人を成長させる最大の秘訣は「あなたの成長を見ていますよ」と、いつも感じてもらうことに尽きます。誰も自分など見てくれていないと孤独にとらわれている人が、一人で成長できるかといえば、不可能ではないにしても難易度はかなり高いです。成長を目指す企業であれば、従業員に対して人の目が届く状態を維持する必要があります。研修に始まり社内規定から報酬ルールまでをきちんと整えるだけでは、人は育ちません。誰かが見てくれているという安心感の中でこそ、人は成長するのだと思います。

人を見るときは、相手の良いところを探す

外国の人の採用面接の際には、自分のバイアスを徹底的に外すよう意識しています。「この人は○○だから」などという先入観に、可能な限りとらわれないようにします。スタッフ面接のときには、日本語はうまく話せないかもしれないけれど、良いところをひたすら探すように相手を見ています。もっとも、だからといってこれまで採用してきた外国人スタッフはすべてが優れていた、などというつもりはありません。実際に失敗したなと思うケースもあります。

ただ一ついえるのは、特にアジア系の人たちに共通しているのが「稼ぎたい」というマインドの強さです。私は1973（昭和48）年生まれです。自分と比べると前の世代、父親世代の人たちから共通して感じるのが、いろいろな欲求の強さです。

彼らは例えば、少しでも良い暮らしをしたいに始まり、車を買いたいから、家を持ち

たいというレベルまで貪欲に生きていました。そのためには勉強を頑張り、いろいろなスキルも磨きました。欲求に対してストレートにハングリーだったと思います。

ところが私ぐらいからあとの世代の人たちにとっては、すでにひととおり必要なものが満たされてしまっているためハングリーになれないのです。アジアの人たちを見ていると、日本人が失ってしまったハングリーさを強く感じます。なんのために頑張るのか、その理由がはっきりしています。こんな人たちの真摯な気持ちに対して、こちらもきちんと向き合えば、彼らはまず裏切ったりしないと思います。

逆に日本人は高度経済成長期を経て、バブル期に絶頂に達しました。その後は「失われた30年」などといわれながらも、国全体が悪い状態に落ち込んだわけではありません。GDPこそ、つい最近世界第4位となりましたが、それでもまだ4位なのです。そんな国で暮らしていては、ハングリーになどなれないのも当然です。

けれども、一つだけ忘れないでほしいのは、今の日本の状態を創り上げてきたのは、今の若い世代ではないという事実です。いろいろ問題はあったかもしれませんが、やはり昭和生まれの先輩たちが、エコノミックアニマルなどと揶揄されながらも、必死に頑張ってきてくれたおかげで今があるのです。

日本の若者よ、世界に飛び出せ

日本には「冬といえばコタツ」という考え方があります。寒い冬には、コタツにじっと入って温まっているのがいちばんという意味です。たしかにあのぬくぬくとした心地よさから、冷え冷えとした外に出るのはなかなか勇気がいります。その冬のコタツのような状態に、日本全体が陥っているように見えます。適度に居心地の良い日本という国から、若者が外に出ていこうとしないのです。これは極めて危険な兆候です。

日本人のパスポート保有率の推移を見ると、2019年に23・8%だったのに対して、2023年は17・0%まで落ちています。もちろんコロナの影響もあるのでしょうが、パスポートを持っている人は、全体の5分の1以下になっているのです。

もっとも若年層の取得増加が目立っているようなので、少し期待を感じてはいます。

それでも、まだまだ内向き志向の強さを感じます。この内向き志向が、ひいては同調圧力につながっているともいえます。

同調圧力の国、日本と正反対なのが、徹底した個人主義のアメリカです。実は私は子どもの頃、アメリカに対してあまり良い思いを持っていませんでした。ちょうどジャパン・アズ・ナンバーワンなどと日本が持ち上げられていた時代で、それにアメリカの人たちは猛反発していました。今でも記憶に残っているのは、ホンダ製の車が壊されたり、ソニーのテレビにハンマーが打ち込まれたりするテレビのニュースです。

正直なところ、なんて乱暴な国だろうと思いました。ところが小学校6年生のときに、テレビで「We Are The World（ウィ・アー・ザ・ワールド）」を見てひっくり返りそうになりました。これはUSA for Africa（USAフォー・アフリカ）プロジェクトの一環として、当時のポップスターたちが一堂に集まり、アフリカの飢餓を救うため行った活動です。スターたちが協力してアフリカの人たちを救うために曲を作り、みんなで歌って収益を挙げて寄付をします。

アメリカのスターたちは、こんな素晴らしい活動をやるんだととても驚きました。一方でテレビのチャンネルを回すと日本では「ザ・ベストテン」などの歌謡番組をやっています。そこでは「好き嫌いがどうとかこうとか」と、そんな曲しか歌われていませんでした。テレビに出ているアイドルたちが、世の中を良くするために団結して活動するなんて話は、聞いたこともありません。日本の歌番組が悪いとか、日本のタレントたちの質が低いなどという話ではないのですが、アメリカでは一人ひとりのアーティストが、自分がやるべき使命感に駆られて活動していました。かたや日本では誰一人として、そんな活動をしようとは考えていませんでした。

この状況を見て、アメリカという国は、すごいところだと子ども心に感じました。それは、みんなに従っておけばそれでいいのだと考えるのではなく、一人ひとりが何をすべきなのかを自分で考え、考えた結果を行動に移す姿勢です。このUSA for Africaに刺激を受けたからか、私自身は以前から欠けていた協調性に、ますます欠けるようになりました。

今では海外の情報もインターネットですぐに手に入ります。だからわざわざ出かけていかなくても、日米の違いぐらい分析できると思っている人も多そうです。それこそ生成ＡＩに「日本人とアメリカ人の思考パターンの違いを教えてほしい」と頼めば、立ちどころにもっともらしい答えを教えてくれます。でもそれではダメなのです。まだ今のところは、日本は世界の中でも経済大国だから、多くの人にとってはそこそこ居心地の良い場所となっていますが、そんなぬくぬくとしたコタツの中に潜っていると、ゆでガエルになってしまいます。気づいたときには手遅れです。

海外に出て、仕事をしてみよう

私自身も、たとえるなら「反ネット・バイアス」のようなものに陥っているのかもしれませんが、なぜみんな、ネットで調べた情報を簡単にしかも素直に信じてしまうのか不思議でなりません。検索してばかりいると、Google は検索する人の思考パターンを読み取り、その人にとって心地よく感じられる情報を上位表示するようになります。だから例えば、私が「日本食」で検索をかけた結果と、ほかの人が同じく「日本食」で検索をかけたときの結果は違います。

あるいはSNSなどでは、自分と同じような意見を持つ人が集まるから、自分の意見を肯定してもらえます。すると、それを「間違いない」などと信じ込んでしまいます。けれども、現実社会は決してそんなものではありません。だから一次情報に触れる必要があるのです。今の20代ぐらいの人たちは、もしかすると一次情報に触れて、心を動かされた経験が少ないのかもしれません。子どもにとっての何よりの一次情報といえば、人の手の入っていない自然です。子どもの頃に町中の公園などではなく、自然公園や山に入ってみた経験のある若者は、昔と比較すると少なくなっています。

自然の中で、五感を刺激してくれるものが一次情報の原型です。幼稚園の頃からスマホを持っている世代には、通じない感覚かもしれません。そんな山の中に行ったら、スマホの電波が届かない、といわれそうです。

仮にそんな環境で育ったとしても、20代ぐらいなら一次情報に触れさえすれば、まだ人本来の感覚を取り戻せる可能性はあります。そのためにはできるだけ強い刺激を受けるほうがよいです。例えば海外に出て、海外の人とダイレクトに触れ合い、海外の文化を五感で感じてみるのです。それは遊びで海外に行くよりも、海外で仕事をするほうがよいです。なぜなら遊びと仕事では、海外で向かい合う人との関わり方がまったく違ってくるからです。

個人的な話ですが、私も仕事で欧米を飛び回っています。例えば豚肉の仕入れのためにスペインに行きます。食材を探しているのだから、食事でパエリアなんかを食べても、どんな豚を使っているのか店の人に聞きます。すると相手も「面白い質問をするやつだな」と、単なる店の人と客の関係から一歩踏み込んだ立ち位置で話してくれるのです。

そんな会話から得られるのが一次情報です。さらに、そんな話をすると相手にも印象が強く残ります。すると先日私の代わりにスペインのその店に行ってくれたスタッフに「中原は元気か。子どもが生まれたんだろう?」と質問するなど私のことを覚えてくれています。

観光旅行に行って、素晴らしい景色などを見て感動するのも、もちろん一次情報です。日本では見られない情景などは、心を豊かにしてくれます。けれども、人と人の間から得られる一次情報は、自分を成長させてくれる糧になります。まさに「人」の「間」で成長するのが人間だからです。

海外で日本食という貴重な種を守ってほしい

改めて日本食コンテンツとは何かを説明しておきます。日本食とは、日本で日常的に食べているものすべてです。ラーメンがそうであるように、ピザだってもともとはイタリア発祥といいながら、すでに日本食の一つになりつつあります。あるいはカレーなどは完全に日本食として定着しています。

では、何をもって日本食カテゴリーに入れると判定するのか。基準は私たちの暮らしへの浸透度だと思います。だから個人的な感想ですが、スペインの食事でいえばアヒージョはまだ日本に入ってきているとはいえないけれど、パエリアはある程度日本食コンテンツに入りつつあると思います。なぜならスペイン人だったら絶対にこんなの食べないぞ、といいたくなるようなパエリアが日本ではすでに作られているからです。要するに日常的に日本で料理されるようになったメニューは、外国発祥だとしても日本食と考えていいのです。

アメリカの食事も同じではないかといわれそうですが、そこは決定的に違います。そもそもアメリカ料理といっても、実体が伴っていないし、あまりイメージも湧いてこないでしょう。アメリカ料理には、アメリカの食文化に裏付けられた歴史がありません。歴史を考えれば、仕方のない話です。

これに対して日本食については明らかにイメージが浮かぶはずです。彼らとの決定的な違いは、歴史の中で培ってこられた文化性です。日本食は、食材はもとより調理の仕方にしても、それ自体が食文化となっています。しっかりとした文化的な支柱があるから、海外のものが入ってきたときもうまくアレンジできてしまうのです。

そのうえでビジネスとして食を考えたときには、とにかく参入障壁が低く、隙あらば新しいプレイヤーが、アイデア勝負で飛び込んできます。だから「ピザまん」なんて、ちょっと意味不明なものが出てきて、しかもそれが人気を集めたりするのです。

これが「和食」ではなく「日本食」の特徴です。この日本食をどんどん成長させてくれるのはやはり若い人たちです。

とにかく動け

若い人からすれば、動くためにはロールモデルがいてくれると動きやすいと考えるかもしれません。けれども、ロールモデルを見つけてから動くのでは、順序が逆だと思います。

まず大切なのは、自分の考えであり、その考えに基づく行動です。そうやって動いていると、出会いが生まれます。逆にいえば自ら動かずして、出会いなど生まれるはずもありません。

さらに踏み込むなら、動くためには志が必要です。私たちの志は、ミッションに示されています。事業展開の本質は、このような志です。ミッションをいいかえるなら、自分たちは誰にどのような価値を提供するのかです。価値を提供した結果として対価を得る、これがビジネスです。

もしかすると志そのものを、まだ見つけられていない人もいるかもしれません。そんな人へのアドバイスは、やはり「それでも動け」に尽きます。

動いていると、たしかに火花の散る瞬間があるのです。自分の行動によって、誰かが価値を感じてくれた瞬間があり、それを実感として意識できる、その実感が次につながる。だから、動かなければなりません。

動くときに大切なのが、仲間の存在です。私は20歳過ぎぐらいから「この人は将来必要な人リスト」を作っていました。同じものを作れとはいいませんが、何かをするときに誰が一緒に動いてくれるだろうかと考えておくと、いざというときに役に立ちます。

あるいは、自分にとって将来必要になりそうな人をリストアップするためには、そもそもなぜそんな人が必要なのかを考えなければなりません。要するに、自分の理想とする未来像を、おぼろげでもいいから描いておくのです。それが私の場合は、飲食系の店舗を出し、それを多店舗展開するというビジョンでした。そのビジョンが膨らんでいって、今では日本食コンテンツを、世界で展開するところまでになったのです。

未来を具体的に考えるのは、もしかすると私のクセなのかもしれません。実は私はとても不器用な人間です。例えば旅行に行くとしたら、行き先について事前に詳しく知っておきたい、間違っても行き当たりばったりの旅などしたくないタイプです。

そしてもう一点、せっかく自分で目的地を決めるのだから、みんなと同じにならないよう心がけるべきだと思います。同調圧力からいかに脱するかというテーマは、無意識のうちに絡め取られているバイアスからの脱出にもつながります。

まわりと同じ、そんなときにはまず疑え

まわりに合わせるのは、日本人の特徴であり美質といわれたりもします。これも考え方の問題で「自分は、まわりの意図を読み取ったうえで、それに納得・同意のうえで調和する」と自覚してやるのならよいと思います。けれども、深く考えていないためにまわりに引きずられたり、そもそも何も考えていないからまわりと同じようにしたり、最

悪なのは考えるのが嫌だから人と同じようにしておこうというスタンスです。

そうならないためにも、みんなと同じことをしていると気づいたら「これって間違いじゃないのか」と疑う習慣を身につけてほしいです。ちなみにこれからヨーロッパ展開を任せる人物も、まわりとの違和感を大切にする人です。

彼の経歴を見れば、早稲田大学を出てトップ商社に入り、ロンドン駐在に早い段階で抜擢されました。いわゆるエリートコースを一直線に歩いているような人物です。けれどもロンドンで手がけているブロックチェーンを使った新規ビジネスに対して、どうにも手触り感を得られないと不満を持っていたのです。

最初にそんな話を聞いた段階で、私と考え方が合うなと思いました。だから引っ張りたいと思ったのです。誤解のないよう説明を加えておくと、考え方が合うのと価値観そのものが合うのとでは、意味合いが違います。価値観の合う人がまわりに増えると、そこには同調圧力が生まれかねません。

そうではなく、自分で考えて動くという原点となる考え方を共有できる人であれば、そこから出てくる発想、ひいては価値観に至るまでを信用できると思います。そのように動ける人に、ぜひリーダーになってもらいたいとも思います。

外国人社員が50人いますが、彼らの多くが考えて動いた人たちです。母国を離れて、わざわざ日本まで来ている時点でチャレンジャーなのです。ネパールの大学から来てくれている人たちなどは、ホスピタリティについて学んでいて英語もできるのだから、日本以外の選択肢もあったわけです。それでも日本に何かしらの魅力を感じて来てくれています。

日本は少子高齢化が進み、国の財政は破綻寸前で、食料もエネルギーも自給できていない国です。GDPにしても世界第4位に落ちてしまいました。それでも世界を見渡せば「日本は素晴らしい」「ぜひ、日本で暮らしたい」と思ってくれる人たちが、いくらでもいます。

これが日本の強みであり、だからこそ、その強みを保てている間に、世界での日本の立ち位置をもう一度、確保しなければならないと思います。

日本には、まだ「おもてなし」が残っているか

あるときネパール人の社員が「日本はすごい」と感心した話をしてくれました。サッカーのワールドカップが開催されたとき、日本の応援団はスタジアムをきれいに掃除して帰りました。あれがすごいというのです。

日本人としては、汚したら掃除するのは比較的当たり前の行動だけれど、世界では当たり前ではありません。つまり私たちには、自分たちで気づいていない良いところが実はたくさんあるのです。飲食業に関わる限り、このようなおもてなしに通じる考え方は、しっかりと伝えていく必要があります。

だからこそ、私たちのように飲食業に関わる人間は、改めて「おもてなし」の大切さを考え直す必要があるし、それを確実に伝えていく義務もあります。これも今やらなければなりません。今はまだなんとか「おもてなし」できている。だから、ネパールの若

者たちが「おもてなし」も学びたいと日本に来てくれるのです。けれども、放っておくと早い段階で廃れてしまうリスクがあります。

とにかく残された時間は、想像以上に短い、これだけは肝に銘じてほしいと思います。

脱・ラーメン屋計画

日本食をコンテンツとして世界展開を図るときはラーメンです。吉野家が欧州にラーメン店を展開しようとしている動きを見ても分かるように、海外でラーメンに力があるのは明らかです。

ただし、ラーメンで突破口を開いたなら、その先に展開できる日本食コンテンツはいくらでもあります。それを自社開発で進めていく計画はもちろん持っていますが、事業連携も可能だし、M＆Aもあると考えています。

残念ながら日本国内では、高齢化と人口減少などが進んでいるために、事業承継を諦めている老舗が出てきています。せっかく何十年も守り続けてきた伝統の味とレシピを持っているのに、後継ぎがいないために暖簾を下ろしてしまうのでは、あまりにもったいないことです。そんなお店を引き取り、私たちのノウハウを活用して磨きをかけて世界に持っていく。これこそが、日本食プロデューサーの役割だと自負しているのです。

その際に何より大切なのが、ブランドです。ブランド力ばかりは一朝一夕には築けません。だから、できれば創業からの歴史ある相手と組みたいと考えています。もっとも、最近の海外の動きを見ていると、あまり悠長には構えていられないので、スピード重視で動かなければならないとも考えています。

その意味でも、日本食には優れたコンテンツがいくらでもあります。一例を挙げるならお好み焼きです。日本ではほとんど誰も気づいていないと思いますが、お好み焼きのエンターテインメント性は非常に高いのです。残念ながらコロナ禍で潰れてしまいましたが、スペインのマドリッドに1軒、とても流行っているお好み焼き屋さんがありました。

お客様が調理するのはアジア独特のスタイルです。店の人が調理せずに、お客様が勝手に調理して食べます。ヨーロッパでは、それで何か問題が起きたらどうするのかと考えます。

しかもお好み焼きなら仕上げまで自分たちでやります。マドリッドのお店は調理して提供するスタイルでしたが、お客様が自身でソースでハートマークを描いてみたり、猫の絵を描いたりして楽しむこともできます。お好み焼きのような粉モンといえば、日本では超庶民的な食べ物です。それでもプロデュースのやり方一つで、エンターテインメントレストランに仕上げられるのです。

海外をつぶさに見ていて気づいたのが、食に関する日本の規制の緩さです。よく真っ当な競争を盛んにするためには、規制緩和が必要だといわれます。その意味では、日本の食にはほとんど規制がありません。そのため競争が厳しいし、お客様の見る目も厳しいです。

だから日本の食コンテンツには力があるのです。焼肉店などをアメリカやヨーロッパで展開しようと思ったら、消防関係の許認可が絶対条件となります。店の中で客が勝手に炭火を使って調理するなど、欧米スタイルではあり得ないのです。

日本は食のシリコンバレーになれる

食に関してはなんでもありの日本、規制などもほとんどありません。だからこそ秋葉原にメイドカフェのような業態が誕生しました。あれは欧米ではあり得ない業態です。ほかにも猫カフェどころか、フクロウカフェなどもできています。あまり知られていないのかもしれませんが、実はフクロウは猛禽類です。ある意味危険な動物と一緒にお茶を飲んで楽しむという発想は、日本でしか生まれません。しかも店として営業許認可がおりる国も日本ぐらいです。

だから、思いついたコンテンツを試してみるテストマーケティングの場として、日本は向いているのです。シリコンバレーから相次いでＩＴ系の産業が生まれているように、日本はユニークな食コンテンツをどんどん生み出しては、世界に発信していけばいいのです。

ところが、そのようなユニークな日本食コンテンツを海外に展開しようと動く日本人はあまりいません。これが残念で仕方ありません。なぜかと考えれば理由はおそらく次の2つです。第一にはよくいわれる島国根性です。けれども、それよりも大きな理由は、今のところはまだ日本国内のマーケットだけで十分に食っていけるからです。幸いにも、凋落傾向に入っているとはいえ、まだGDPでは世界第4位の国です。これまでに蓄えてきた資産もあります。だから、わざわざ海外に出ていかなくてもいいのです。

この隙こそが、アジアの人たちにとっては絶好のチャンスとなっているのです。だから規制が厳しいのを承知のうえで、それでも受ける確信があるから、アメリカでは焼肉店が流行りつつあります。

今のところヨーロッパにはまだ焼肉店は、私の知る限り出店がありません。ヨーロッパにいる日本人に「こっちで焼き肉ってどう思う?」と尋ねると、みんなそろって「ヨーロッパでレストランといえば、サービスを受ける場所だから、自分で肉を焼いて食べるなんて絶対にやらない」と答えます。

これはやばいぞと思いました。現地にいる日本人が否定するものは、たいていヒットする。そんな法則を私は持っています。そう思っていると案の定、ロンドンで焼肉店が流行り始めています。そんな情景を目の当たりにすると、早くやらなければと焦ります。

炊き出しで見つけた宝物

食べ物が人を幸せにする、その力を実感した経験があります。２０１１年の東日本大震災のあとの炊き出しです。炊き出しと一口にいっても、実際に関わっていた体験から考えると、２段階ぐらいのフェーズに分けられます。

最初は、それこそ空腹を満たすための炊き出しです。震災直後は水道やガスなどのインフラも復旧していないために、食事そのものがまともに得られない状態です。食べるものがあったとしても、温かさを感じさせる食事ではありません。

そこで地元福島の喜多方ラーメンを出すと、温かいものが食べられるとみんな喜んでくれました。私たちも、炊き出しに行ってよかったとつくづく感じたのです。

ところが復興が少しずつ進み始めると、例えばコンビニが復活したりします。あるいは、全国各地から届く食料品が配給されるようになり、食べ物そのものには困らなくなります。仮設住宅もひととおり行き渡り、生活そのものはなんとかなります。

お腹は満たされますが、次は心です。つまり心が満たされないフェーズへと入っていきます。食料が満たされているのに、あえてラーメンの炊き出しに行く意義があるのだろうかと社内でも議論になりました。けれども私たちは、続けると決断しました。その理由は、少しかっこつけた表現になりますが「心を届ける」ためです。

仮設住宅に炊き出しに行って、ラーメンを作っているとお婆ちゃんがやって来て「孫の分も含めて4つ欲しい」と言います。ところがお婆ちゃん一人では運べません。だからうちの若い社員が、お婆ちゃんの家まで運んでいきます。

すると2時間ぐらい帰ってこないのです。いったい何をやってたのと聞けば、お婆ちゃんの家でずっと話し込んでいたのです。お腹は満たされたけれども、仮設住宅に引っ込んでいたら、なかなか心までは満たされません。

そこにラーメンを作って運んでいった人がいると、いろいろ話をしたくなるのです。その結果、ラーメンを食べてくれた人たちが、元気になってくれます。そして、何よりもありがたかったのは、ラーメンを運んでいったうちの若手が、実は誰よりも元気になったのです。

自分たちが作るラーメンには、人の気持ちを満たす力があるのだと実感してくれました。まさに「食を通じた気持ちの温もり」を伝えて、仮設住宅に避難している人を笑顔にしたのです。

結局、炊き出しを通じて、私たちも元気にしてもらえました。炊き出しに入ったのは2011年の4月の終わり頃からで、仮設住宅がなくなるまで続けました。その後も被災地との関係は続いています。今は認定NPO法人「桜ライン311」の活動支援の一環で、陸前高田の桜の植樹をお手伝いに行っています。

第二のガウディに

少し時間を飛ばして、50年後の未来予想図を考えてみます。まず世界の外食企業の時価総額ランキングに、日本企業が複数入っていて、その中の1社として麺食があり、東京には、アメリカのコーネル大学と同じような学びをできる大学ができています。できれば、その学校の設立に関わり、会社を退いたあとの生きがいとしたいなどと夢想してもいます。そこにはアジア各国から、外食やホテルビジネスを展開したい若者たちが、学びに来ています。

かなりだいそれた未来予想なので、50年後ぐらいではまだ達成できていないかもしれません。それでいいのです。私一人で完成させようなどとは夢にも思っていないからです。私に続く世代が、同じ夢を持ち続けて、その夢を自分のものと考え、夢を達成するために切磋琢磨し続けてくれればいいのです。もしかすると、次の世代ぐらいでも、まだ達成できていないかもしれません。それでも何も問題はありません。さらに続く世代が、取り組んでくれればいいだけです。

50年後といえば、私はちょうど100歳を超えるところです。だから時価総額トップ10に入ったとしても、あるいは和製コーネル大学が東京にできたとしても、それを見るのは叶わぬ夢になると思います。

でもそれでいいのです。ガウディがサグラダ・ファミリアを完成させるために、続く人に思いを託したのと同じように、私も自分の思いを次世代の人たちに託します。

ぜひ、皆さんの力で、日本食コンテンツを世界に広めてください。

「俺の屍を越えていけ」

日本食コンテンツで世界に打って出る、そのためには今のレシピはもとより、技術や道具、食材などあらゆるものを次世代にどんどん渡していくのが私の仕事です。残された時間は、長くても10年です。この間に次世代の日本食コンテンツへとバージョンアップしなければなりません。今なら、まだ追い込まれてはいないので自由にいろいろ試せます。

実現するためには、マネジメントやマーケティングを海外の先達から学ぶ必要があります。その学びを活用して、日本食コンテンツのポテンシャルをフルに引き出せれば、きっとトップ10入りが見えてきます。思い出してほしいのが、日本の自動車産業です。かつて自動車の世界でビッグスリーといえば、GM、クライスラー、フォードと誰もが納得していました。けれども今では時価総額第2位がトヨタ自動車で、トップ10にはもう1社、10位に本田技研工業が入っています。自動車にできたトップ10入りを、外食で実現できない理由などありません。

そのために自分にとって絶対に果たすべき課題を一つ設定しています。それは「60歳になるまでに、自分で自分の首を切る」です。まだ50歳を過ぎたばかりですが、すでに自分が老害となりつつある現状を自覚しています。私にとっての最大のチャレンジは、今老害を振りまいている人たちと同じようには、絶対にならないことです。まわりを見ると「60歳になったら引退するから」と言っておきながら、今のポジションにしがみつく人があまりにも多いです。だから、どうすれば実現できるかは分かっていませんが、私が討ち死にしてでも、なんとかしてそんな人たちを引退させたいと考えています。

功成り名を遂げた人たちは、それまでに立派な業績を挙げた優れた人たちなのです。それが後進に道を譲れない最大の理由は、自分を認めてくれるコミュニティーからの離脱を恐れるからです。特に男性のほうが、ひとたび慣れ親しんだコミュニティーを離れると、次の新しいコミュニティーに飛び込む勇気を持たない傾向にあります。

怖がる気持ちは分からないでもありませんが、とにかく動いていれば何かが見つかるはずです。私は、60歳になるまでには必ず後進に道を譲ります。それまでに若い人たちが、世界で活躍できる舞台を設えておきます。そのために全力を尽くす。だから、本書を読んでいる若い人たちには、ぜひ私を踏み越えてほしいと願っています。

おわりに

2024年2月、私はネパールにいました。そこで、改めて食の力を感じてきました。おいしいものがあれば空気が変わるのです。

今回のネパール訪問は大学との提携に関する話ではなく、採用イベントに参加するためでした。日本の人材関連企業によって企画された「第2回 Nepal-Japan Friendship Summit」には、日本から21社が参加していました。

2月2日にはネットワーキングディナー〝Japan Night〟が開催され、そこで私たちもラーメンを作って提供しました。そこで私ともう2人のスタッフの3人で、約50人分を作ったのです。いつものラーメンではなく、ネパールに持ち込める家庭用ラーメンとラーメン用の食材を冷凍して持ち込みました。

ディナーにはネパール政府の高官がたくさん参加しています。そこでこっちは汗だくになって作っているのに、彼らがやって来ては「うまい」「やばいぐらいだ!」などと声をかけてくれる。

自分でラーメンを作って出したのは久しぶりでしたが、やはりおいしい食べ物には、人を笑顔にする力があるのだと改めて確認しました。それである記憶がよみがえったのです。

海外でラーメンを作って喜んでもらったのは、本書の冒頭で紹介した「第1回Los Angelesラーメン横丁（Ramen Yokocho Festival in Torrance 2013）」でした。このときも出店前には「お前たちのラーメンは売れないよ」などと言われながらも、実際に食べてもらった人からは大いに受けたのです。しっかり太ったおじさんが私の前まで来て「お前、日本から来たそうだな。よく来てくれた、めちゃくちゃうまかったよ」と言いながら、ハグして帰っていきました。

ネパールの高官は、さすがにハグはしてくれませんでしたが、食べて喜んでくれているのはひしひしと伝わってきました。

おいしいものは空気を変えるのです。そして、私たちのラーメンには十分に力があるのです。さらにいえばラーメンに限らず日本食コンテンツには、今なら世界で通用するだけの力が十分にあります。このチャンスを逃してはいけない。だから焦ってもいます。

国内ではラーメンのほかにそばなど4業態を展開しています。国外ではアメリカでラーメンを8店舗、さらにはヨーロッパにも進出し、アジア展開も視野に入れています。もちろん、もっと加速していかなければならないと考えていて、だからこそ本書を読んだ人の中から一人でも多く、私たちの仲間が生まれてほしい。

けれども、それだけが本書を書いた目的ではありません。しつこく繰り返しますが、日本食コンテンツには世界で通用する力があります。その力を活用して、世界に羽ばたいてくれる若い人を、私は待ってもいるのです。世界に出るときには、私の会社を経由してくれるのはもちろんうれしいし、そうでなくても「自分でやってみるから」という若者も、ぜひ応援したいと考えています。

そんな人がいれば、どうか気軽に私まで連絡してください。私が今までそうしてきたように、少しでも会ってみたい、話してみたい、と思ったら、行動を起こすことがあなたの未来を切り拓いていくはずです。皆さんからの連絡を楽しみに待っています。

中原 誠（なかはら まこと）

1973年生まれ。大学卒業後、第一勧業銀行（現・みずほ銀行）に入行し法人営業を担当。2001年に退職してベンチャー・リンクに入りFCのノウハウ等を学んだのち、グローバルダイニングにて飲食の現場経験を積んだ。2005年に父親の経営する株式会社麺食に入社後、サービス面・衛生面のマネジメントを徹底、売上の可視化、理念策定、有名企業とのコラボレーションなどさまざまな施策で事業を拡大してきた。社長就任後は優秀な人材の登用に注力。さらに海外進出を手掛け、就任からわずか十数年で年商15億円から40億円へと事業を成長させている。

本書についての
ご意見・ご感想はコチラ

日本食 GLOBALIZATION

2025年4月9日　第1刷発行

著　者　　中原 誠
発行人　　久保田貴幸

発行元　　株式会社 幻冬舎メディアコンサルティング
〒151-0051　東京都渋谷区千駄ヶ谷4-9-7
電話　03-5411-6440（編集）

発売元　　株式会社 幻冬舎
〒151-0051　東京都渋谷区千駄ヶ谷4-9-7
電話　03-5411-6222（営業）

印刷・製本　中央精版印刷株式会社
装　丁　　弓田和則

検印廃止

Printed in Japan
ISBN 978-4-344-94818-1 C0034
幻冬舎メディアコンサルティングＨＰ
https://www.gentosha-mc.com/